AF603508

ESSAI

SUR LE

DESPOTISME.

(par le c^te de Mirabeau)

Mérilhou - de [illegible]

LONDRES.

M. DCC. LXXVI.

Dedimus profectò grande patientiæ documentum, & sicut vetus ætas vidit, quid ultimùm in libertate esset, ita nos quid in servitute, adempto per inquisitiones & loquendi audiendique commercio, memoriam quoque ipsam cum voce perdidissemus, si tam in nostrâ potestate esset oblivisci quàm tacere.

(Tacit. vit. Agricol.)

Certes nous avons donné un grand exemple de patience, & comme les âges précédens ont vu le plus haut degré de la liberté, de même nous avons atteint le dernier période de la servitude. Les délations nous ont arraché la douceur d'écouter & de parler, & nous eussions perdu la mémoire avec la voix, s'il étoit aussi-bien en notre pouvoir d'oublier que de nous taire.

(*Tacite, vie d'Agricola.*)

AVIS DE L'ÉDITEUR.

LE hazard a fait tomber dans mes mains le manuscrit que je livre au public. Je cherchois dans les papiers d'un ami, que je venois de perdre, une note intéressante pour les affaires de ses parens. Je trouvai, parmi d'autres fragmens littéraires, un paquet cacheté, & ce peu de mots écrits sur l'enveloppe.

„ L'ouvrage renfermé sous ce cachet alloit paroître quand Louis XV est mort. Il fut fait à la hâte, parce que je voulois saisir le moment de crise où la France étoit plongée, pour produire une sensation que je croyois possible & nécessaire. Les tems sont changés. Il faut, pour publier un tel écrit, attendre qu'ils reviennent, si nous sommes destinés à les revoir encore. Le Prince qui vient de monter sur le trône aime les honnêtes-gens, & veut le bien. Ce jeune roi pourra se tromper long-tems sur les moyens de l'opérer, sans être coupable. Je renferme donc mon ouvrage, & ne le détruis

„ pas. Ma santé dépérissante m'empêche de le „ refaire ; il en auroit besoin, sans doute : mais, „ quelque défectueux qu'il soit, on y trouvera „ toujours des vérités utiles à tous les hommes, „ & courageusement exprimées. “

Je lus ce manuscrit avec l'avidité d'un homme sensible, à qui tout ce qui reste de son ami est cher & précieux. La franchise de l'Auteur m'eût intéressé, quand il n'auroit pas eu d'autres titres sur mon cœur. J'ai cru que malgré les fautes de cet ouvrage, fautes qu'on doit attribuer peut-être à la maniere pressée dont il a été travaillé, il seroit utile, & par conséquent estimable.

J'ai cru que l'avénement d'un jeune Roi plein d'émulation & de bonne volonté, étoit le véritable moment où l'on devoit l'effrayer sur les moyens arbitraires & les suites du Despotisme. LOUIS XVI ne voit encore aujourd'hui autour de son trône que les nombreux monumens du gaspillage effréné d'argent, fait par son aïeul. Cette image effrayante doit lui inspirer le desir des privations & le goût de l'économie. C'est quelque chose, sans doute, que l'économie de détail; mais ce n'est pas tout, à beaucoup près : tant qu'une perception arbitraire subsistera, on n'opérera que de petits biens, & l'on fera de grands maux. La perception est l'unique base de la félicité publique, & la véritable pierre de touche d'un homme d'Etat; les Rois ne naissent pas tels; ils le deviennent difficilement même, parce qu'ils savent rarement combien ils ont besoin de le devenir.

Un jeune Prince peut, avec les meilleures intentions, imaginer de bonne foi, d'après l'exemple de ses prédécesseurs & l'habitude introduite dans l'administration de son Etat, qu'on ne peut remédier à rien que par des coups d'autorité. S'il n'est pas en garde contre cette erreur meurtriere, il fera le mal malgré son propre cœur, & achévera de briser des ressorts déjà trop usés.

Il doit donc apprendre que les coups d'autorité sont toujours dangereux, & jamais bons à rien dans l'administration civile & politique d'un Etat.

Il doit apprendre sur-tout, que c'est au régime arbitraire lui-même, qu'il faut attribuer le désordre des finances, qui a mis son royaume à deux doigts de sa perte.

En un mot, il faut l'éclairer avant qu'on ait pu l'égarer & le corrompre. Si l'on avoit remporté sur lui ce succès funeste, il ne seroit plus tems d'y remédier, notre perte seroit consommée.

Si le développement de ces vérités n'est pas nécessaire au Prince, ce qu'on ne peut guere présu-

mer de son éducation & de sa jeunesse, au moins importe-t-il à la nation, dont les Rois ne sont pas éternels, & qui ne redeviendra jamais heureuse & libre d'une maniere assurée, qu'elle ne soit instruite.

Si les François enfin sont assez heureux pour qu'un tel ouvrage leur soit inutile, il doit intéresser du moins le reste des hommes. L'Europe, la servile Europe, ne manquera jamais de Despotes, qu'alors que les sujets sauront comment on forge leurs chaines, & comment ils peuvent les briser.

Le voici donc cet ouvrage : je me suis religieusement abstenu d'y rien changer ; peut-être y desireroit-on plus d'ordre, & un plan mieux déterminé ; mais ce livre n'est pas le mien : d'ailleurs, la rapidité même avec laquelle il est écrit, prouvera combien fut sincere & respectable le patriotisme du citoyen qui osoit s'exprimer avec une telle véhémence.... Que des hommes vertueux estiment & louent son zèle ; & cet hommage sera la consolation de l'ami qui lui survit.

A MONSIEUR

LE DAUPHIN.

LA nature vous a fait homme.

Quelques-uns de vos Ancêtres ont mérité l'estime & l'amour d'une nation nombreuse & puissante.

Elle vous appelle à remplir les devoirs les plus importans, puisque votre conduite va fixer les regards de vingt millions d'hommes, qui attendent leur bonheur de vous; & les plus sacrés, puisqu'ils vous sont imposés par la reconnoissance.

Vos flatteurs, c'est-à-dire, tous ceux qui vous entourent, vous ont sans doute répété plus d'une fois, „ que vous apportâtes en „ naissant des droits imprescriptibles & irré„ vocables à l'autorité suprême. “

J'ose renverser ce principe d'adulation & de délire, consacré depuis si long-tems par de vils esclaves, & qui n'a d'autre fondement en droit, que le frêle appui de l'ignorance.

Si vous pouviez vous rappeller vos langes & votre berceau, peut-être ce souvenir, humiliant pour vous comme pour tous les autres hommes, vous apprendroit-il que vous n'êtes pas né puissant, & qu'il étoit aisé de vous opprimer avant que vous eussiez le pouvoir & le desir d'être oppresseur.

Mais tout se dénature au souffle infect de la flatterie & de la servitude. On s'empressera d'étouffer vos lumieres naturelles, pour y substituer les illusions de l'amour-propre & de la cupidité.

Retenez cette leçon d'un Philosophe * respectable, car il a défendu avec force les droits de l'homme.

„ C'est être usurpateur que de faire céder „ les loix à la violence : celui qui le dépose „ & conforme son autorité aux loix, est Roi „ de droit. On doit regarder comme rebelles „ les adhérens d'un Prince, qui, dans un „ état libre, veut être despotique; quelque „ longue que soit la suite des ancêtres du „ Prince, & quoique la succession n'ait point „ été interrompue, la naissance ne peut don„ ner à qui que ce soit le droit de commet„ tre des violences : il n'y a personne qui „ puisse avoir un titre pour faire des injusti„ ces; ainsi on ne peut avoir le droit de suc„ céder à un titre qui n'existe pas. “

Méditez ces paroles, applicables à tous les pays & à toutes les constitutions; puisque les droits des hommes sont par-tout les mêmes;

---

* *Gordon*, *disc.* 1. *sur Salluste.*

méditez ces paroles, & vous ſaurez tout ce qu'il vous importe d'apprendre, pour être en garde contre votre propre orgueil & vos corrupteurs.

Mais vous trouverez ici des vérités de détail que peu d'hommes auront le courage de vous adreſſer; ayez celui de les entendre.

Les courtiſans & les fanatiques ſe récrieront ſans doute ſur la licence de ma plume, car j'étonnerai également l'idole & ſes adorateurs: ils invoqueront la vengeance, car ma franchiſe les humiliera. Je dédaigne leurs clameurs; parce que j'ai la conſcience de mes intentions; & ſi ma conduite n'eſt pas prudente, mes écrits du moins ſeront l'apologie de mes principes & de mes ſentimens.

Prince, l'eſclave qui vous flatte vous outrage; car il vous tend un piege & compte ſur votre foibleſſe. Celui qui nieroit vos droits & refuſeroit de reconnoître votre autorité, vous feroit une moindre injure que celui qui vous en conſeilleroit l'abus, *& la perfidie qui vous trompe eſt auſſi criminelle que celle qui vous détrôneroit.* *

Vos Miniſtres acheteront des plumes vénales pour parler de vos *prérogatives* & de votre *puiſſance.* Aſſez d'autres feront retentir ces mots dans les lieux que vous habitez & que fuit l'auſtere vérité. *Aſſez d'autres parle-*

---

* *Maſſillon.*

vont à votre rang, (1) il est plus noble & plus juste de parler *à vous*, de vous entretenir de vos devoirs & du danger de les enfreindre. *Pour flatter quelque Prince que ce soit, il n'est pas besoin de l'aimer, & il est difficile de donner à un maître des conseils justes.* (2)

Mais on ne lit dans les livres que ce qu'on a dans la tète & dans le cœur. C'est dans le vôtre qu'est écrit le sort de cet ouvrage. Je souhaité qu'il opere quelque bien, & je crains peu les dangers qu'il pourra m'attirer.

Si le ciel, dans sa colere, vous destina à devenir un tyran, quel homme de cœur ne sait pas se soustraire à la tyrannie ?

Si vous méritez de gouverner & d'obtenir la confiance publique, qu'ai-je à redouter ? Marc-Aurele & Trajan étoient dignes qu'on leur fit entendre les vérités que j'ose vous offrir, & c'est l'hommage le plus respectueux que vous recevrez jamais.

---

(1) *Cæteri libentiùs cum fortunâ quàm nobiscum*, dit Galba à Pison en l'associant à l'Empire. (Tacit. hist.)

(2) *Nam suadere principi quod oporteat multi laboris, assentatio ergà principem quemcumque, sine affectu peragitur.* (idem. ibid.)

Je me suis servi de la traduction de M. d'Alembert.

NB. Toutes les notes qu'on trouvera fréquemment répandues dans le corps de cet ouvrage sont de l'Auteur. (note de l'Editeur.)

ESSAI
SUR LE
DESPOTISME.

TOUTES les ſenſations s'émouſſent chez les hommes; toutes les opinions s'alterent: les langues, truchement général de l'humanité, éprouvent les mêmes variations, & parcourent les mêmes périodes. Les acceptions different d'un ſiecle, d'une révolution à l'autre, juſqu'à devenir méconnoiſſables.

Perſonne n'ignore l'étymologie du mot DESPOTE, (1) dénomination autrefois deſtinée à

(1) Ce mot vient du grec *Δεσπότης*, & ſignifie *Maître* ou *Seigneur*.

Uſurpateur, *Deſpote*, ou *Tyran*, dans l'acception moderne donnée à ces mots, s'exprimoit en grec par le mot *Τύραννος*

Il y eut dans le bas Empire une dignité indiquée par

l'autorité tutélaire, & devenue dans nos langues le ſignal de la tyrannie & l'éveil de la terreur.

Je ne conſidérerai dans cet eſſai les mots DESPOTE & DESPOTISME, que dans leur acception moderne.

Commençons par obſerver dans le cœur humain la paſſion qui produit le Deſpotiſme. Alors il ſera facile de le définir; il viendra de lui-même ſe ranger à ſa place.

L'homme eſt-il enclin au Deſpotiſme? Cette queſtion philoſophique, peut-être plus curieuſe qu'importante, & dans laquelle, comme dans toutes les autres, il faut fixer & circonſcrire la ſignification des mots avec l'exactitude la plus rigoureuſe, néceſſite une diſtinction préliminaire.

L'homme naturel & *l'homme ſocial* different par des nuances infinies, qu'il ne faut jamais confondre. Il n'y a guere plus de comparaiſon entre l'individu naturel, & l'individu modifié par la ſociété, qu'entre un citoyen ordinaire, & un caſtor très-induſtrieuſement organiſé; & ſans étaler ici une inutile érudition, on peut conclure en général du peu de lumieres recueillies à cet égard, que non-ſeulement l'homme ſauvage n'eſt preſque point éloigné de l'état animal, (quoiqu'il en ſoit plus ou moins diſtant, ſelon les circonſtances du cli-

---

le mot *Deſpote*. L'Empereur *Alexis*, ſurnommé l'*Ange*, créa cette dignité, & lui donna le premier rang après l'Empereur.

mat sous lequel il respire, ou de la constitution physique que lui a départi la nature) mais encore que l'homme social, réduit à la vie sauvage, perdroit la plus grande partie des notions, des connoissances & des passions qui distinguent notre maniere d'être de la vie purement animale. (1)

Mais est-il trés-nécessaire au perfectionnement de l'organisation des societés de savoir précisément ce qu'étoit l'homme naturel?

Il seroit bien malheureux que cela fût; car il est à-peu-près impossible de satisfaire à cet égard notre curiosité.

Nous connoissons bien imparfaitement le peu *d'homme naturels* que nous avons trouvés sur le globe, & nous nous sommes beaucoup plus occupés à les massacrer qu'à les observer.

Si les *Orang-Outang*, cette espece d'animaux si rapprochée de notre configuration, & peut-être de l'instinct humain, que les naturalistes sont presque incertains sur la classe dans laquelle ils doivent les ranger, si les *Orang* arrivoient jamais au degré de perfectibilité dont l'homme est doué, & parvenoient à mettre en œuvre cette faculté précieuse, il seroit fort curieux & fort utile aux premiers d'entre eux réunis en société, d'observer par quelle gradation ils auroient fait tant

(1) Voyez dans les excellentes recherches philosophiques sur les Américains, l'histoire de l'infortuné Ecossois nommé Selkirk, & dans la défense de ces mêmes recherches l'exemple d'un mathématicien nommé Marcial.

de progrès: probablement ils ne s'en occuperoient point, car ils n'en auroient pas le tems; & d'ailleurs, ils ne seroient pas plus capables encore d'observer, que de sentir le prix des observations: mais si cette société étoit parvenue au degré de connoissances que nous avons acquises, je crois que ce seroit un tems inutilement perdu pour elle, que celui qu'elle consumeroit en vains efforts pour se rappeller les détails de la vie animale de chacun de ses individus.

Ne cherchez point dans cette comparaison ce qui peut prèter au ridicule, car une plaisanterie bonne ou mauvaise ne prouve rien, & convenez:

Que l'homme naturel n'est probablement qu'un animal d'une organisation très-supérieure, mais sur-tout incomparable à toute autre espèce, par son instinct pour la société, beaucoup plus marqué que dans tous les autres animaux; instinct qui développe & met en œuvre toute sa perfectibilité.

Si donc, comme j'espere le prouver à sa place, la formation des sociétés est le résultat nécessaire de l'instinct social que l'homme a reçu de la nature, il nous importe fort peu de savoir quels sont les sentimens de l'homme naturel, pourvu que nous connoissions ses penchans sociaux.

C'est ainsi qu'on doit mettre à l'écart tous ces problèmes dont la discussion n'intéresse guere que l'amour-propre de celui qui s'efforce de les résoudre.

C'eſt ainſi qu'il faudroit ſimplifier cette queſtion ſi long-tems & ſi diverſement agitée, & qui tient inſéparablement à mon ſujet. *L'homme eſt-il naturellement bon ou méchant?*

Le Philoſophe * de Malmesbury, Carneades, long-tems avant lui, & bien d'autres prétendus ſages après, nous offrent d'un côté des déclamations & des ſubtilités, & ne font honneur ni à leur eſprit ni à leur cœur, en nous aſſurant que l'homme eſt mauvais par eſſence.

S'il pouvoit être utile de croire à une vérité auſſi triſte, les fanatiques, les intolérans, l'hiſtoire des croiſades, & ſur-tout celle de l'indéfiniſſable fureur des Européens dans le nouveau monde, nous perſuaderoient plutôt que la plus ſombre éloquence, dont le coloris & les efforts ſeront toujours fort audeſſous des forfaits humains.

Mais j'ai dit qu'une pareille opinion ne fait honneur ni à l'eſprit, ni au cœur de celui qui entreprend de la démontrer.

Un auteur fait tort à ſon cœur, en ſoutenant un tel principe; parce qu'il donne lieu de penſer qu'il juge des autres par lui-même. La véritable vertu eſt toujours douce & indulgente.

Il fait tort à ſon eſprit, parce qu'il ſoutient une erreur évidente, (car le monde n'exiſteroit pas ſi l'homme étoit eſſentiellement mé-

---

* *Hobbes.*

chant ; & il n'eſt pas un être humain aſſez malheureux pour n'avoir pas éprouvé quelquefois en ſa vie, qu'il étoit compatiſſant & bienfaiſant par inſtinct ;) parce qu'il conclut un principe général de faits particuliers, preuve preſque certaine d'un eſprit borné, parce qu'il déshonore & ravale la nature humaine en pure perte ; car quelle utilité pouvons-nous retirer de ce principe, *que l'homme eſt méchant ?...* Vous ſerez en garde contre lui, me dira-t-on : eh, ne voyez-vous pas que la méchanceté de tant d'hommes l'emportera ſur ma méfiance !

Des philoſophes plus amis de l'humanité, plus ſenſibles, plus éclairés, nous diſent : *l'homme naturel eſt juſte & bienfaiſant.*

Quand ces reſpectables *philantropes* auroient tort, ils s'égareroient par enthouſiaſme du bien ; & j'oſe vous aſſurer que leur erreur ſeroit encore utile & conſolante.

Mais ſubſtituez le mot *ſocial* au mot *naturel*, & ils auront rigoureuſement raiſon ; car ſi l'on peut leur objecter, que l'homme naturel excité par ſes beſoins, emporté par ſa fougue, peut ignorer ou méconnoître cette vertu qu'on appelle *bienfaiſance* ; qu'il eſt certain qu'il ne ſait ce que c'eſt que *juſtice* ; car cette vertu ne peut exiſter qu'avec les relations de la ſociété ; ils répondront :

L'homme naturel ne ſauroit être conçu ſans aucune relation. Cette abſtraction eſt purement idéale & incompréhenſible. Moins ſes relations ſont intimes, moins elles ſont étendues, & plus il eſt ſauvage : c'eſt-à-dire,

effarou-

effarouché par l'idée du besoin qui le menace sans cesse ; car il a d'autant moins de ressource pour le satisfaire, qu'il est plus isolé ; il est emporté par l'impulsion des passions d'autant plus désordonnées, qu'elles sont moins éclairées & plus solitaires.

Qu'avons-nous donc prétendu dire ? Que la sociabilité, la premiere des vertus, parce qu'elle est le premier des besoins ; nécessite la justice d'où dépend, ou plutôt, qui renferme toutes les vertus ; oui, toutes les vertus, la bienfaisance elle-même.

Il est évident que l'injustice autorisée ne pourroit qu'être la dissolution de toute société. Toute association suppose donc des *droits*, des *devoirs* & une justice exécutive. Si la *ville des scélérats*, dont parle Pline *, & dans laquelle Philippe confina, dit-on, tous les méchans qu'il trouva dans ses états, a jamais existé, leurs loix furent justes, leur police active & sévere... Si cela n'est pas, elle n'a pas subsisté. La société ne nécessite donc pas la corruption de l'espèce, comme n'ont pas rougi de l'avancer quelques déclamateurs. Si la société nécessite au contraire une harmonie de conduite, que l'on appelle *justice*, l'homme, qu'un instinct irrésistible invite à la société, n'est pas un être méchant.

Je ne crois pas qu'on puisse rien objecter sérieusement à ces principes simples & évi-

* *Hist. L. IV. C. II.*

dens; *rien de sérieux*, dis-je, car je n'ignore pas qu'on peut contredire toutes les vérités, & j'abandonne volontiers aux sophistes l'avantage de disputer sur tout.

Transcurramus solertissimas nugas.

Je m'engage seulement à prouver dans tout le cours de cet ouvrage, que l'homme social est essentiellement & naturellement bon, qu'il ne peut être heureux qu'en remplissant cette condition nécessaire de son être, & qu'il sera toujours juste & heureux quand on l'éclairera sur ses véritables intérêts, qui sont toujours conformes à la justice, & relatifs à son bonheur.

J'établirai, en me renfermant dans mon objet qui est de peindre le Despotisme & ses dangers & ses ravages, que les faits particuliers & sans nombre que l'on pourroit avancer contre le principe que je viens d'établir, viennent tous à son appui, lorsqu'on les considere sous leur véritable point de vue, en les rapprochant des causes qui les ont produits.

En général toutes les passions humaines peuvent être dirigées vers la justice, ou réprimées & presque détruites en considération de la justice. Il ne faut pour cela que savoir apprécier & calculer ses véritables intérêts.

Ces principes que je crois vrais, qui du moins ne sauroient être dangereux, & sur lesquels je reviendrai souvent dans le cours de cet ouvrage, une fois posés, je reviens au Despotisme; & je ne crains pas d'avouer:

Que le desir d'être Despote est aussi naturel à l'homme réuni en société, que la haine des *Despotes* l'est à celui que la servitude n'a point dénaturé.

J'ai dit *réuni en société*; en effet l'homme, dans l'état de nature, ne veut ni commander ni dépendre jusqu'au moment du besoin, qui n'est qu'une fougue purement physique, nullement raisonnée, & aussi passagere que violente; mais dans l'état social, les idées s'étendent, les desirs s'aiguisent, les passions se développent, & celle de dominer est l'une des premieres qui germent dans le cœur humain; comme elle est la plus rapide à s'accroître, c'est la soif inextinguible de l'hydropique.

Voyez l'enfant au college: observez le même au berceau (1); vous reconnoitrez déja les traces du sentiment que nos institutions nourrissent avec soin; car la premiere éducation de l'homme semble également arrangée pour le disposer à être esclave & tyran.

Suivez le citoyen dans sa domesticité, le colon du nouveau monde dans son habitation; vous verrez chacun de ces êtres luttans pour s'arroger une autorité despotique

(1) L'enfant à six mois n'est pas aussi machine que l'on pense. Ses langes gênent sa liberté: vous choyez ses pleurs. Il vous importunera sans doute pour être obéi; voilà la premiere leçon & le premier acte du Despotisme.

ſur d'autres individus. C'eſt le vœu conſtant de l'humanité.

Conſidérez tous les peuples; parcourez l'hiſtoire; on n'y trouve guere que des noms de conquérans & de deſpotes.

Les républiques, ſorte de confédération peut-être la plus deſpotique de toutes, mais dont l'amour de la liberté & les vexations d'un pouvoir abuſif donnerent ſans doute la premiere idée; les républiques maintiennent avec ſoin leur indépendance, augmentent avec ardeur leur puiſſance, leurs richeſſes & leurs forces, dans le ſeul objet d'aſſervir.

Les Romains, exaltés par l'eſprit patriotique le plus étonnant, dont ils ont ſeuls donné l'exemple à ce degré de ſuccès & d'activité, ravagerent & conquirent tout ce qu'ils connoiſſoient des trois parties du monde alors découvert. (Les malheurs de l'autre hémiſphere n'étoient que différés.) L'honneur de ſubjuguer & de conquérir fut le ſeul objet de la politique, de la liberté, de l'émulation de ces républicains trop fameux*, que des barbares, plus philoſophes que les hiſtoriens, appelloient à ſi juſte titre *les fléaux de l'Univers*, *brigands de toutes les terres*, *& pirates de toutes les mers*. (1)

---

* *Les Bretons.*

(1) *Raptores orbis, poſtquàm cuncta vaſtantibus defuere terræ, & mare ſcrutantur; ſi locuples hoſtis eſt, avari; ſi pauper, ambitioſi.*

(Tacit. vit. Agricol.)

Les Anglois, idolâtres de leur liberté, qu'ils ont acquise & défendue par les armes du fanatisme même, étendent sur l'Asie un sceptre de fer, & tyrannisent implacablement tout ce qui approche leurs possessions. Bientôt, pour échapper à la tyrannie, elles seront forcées de donner la loi à la Métropole, ou du moins de s'en séparer absolument.

Les Hollandois, qui ont acheté leur indépendance par tant d'industrie, de sagesse, de patience, d'opiniâtreté, oppriment les peuples que les mers les plus étendues sembloient protéger & mettre à l'abri de leur cupidité.

Qui ne connoît pas l'astuce, la cruauté, les vexations des petites Républiques Italiennes, dont la politique est le chef-d'œuvre de la tyrannie?

Un seul pays enfin offre à l'Europe l'exemple d'un gouvernement qui ne se propose d'autre objet que *liberté* & *prospérité*. Les Suisses n'ont usé de leurs forces que pour secouer le joug, & pour recouvrer leur liberté naturelle. Leurs efforts n'ont nui qu'à des tyrans. Ce peuple respectable, exempt d'ambition, assez puissant pour se reposer sur lui-même du maintien de sa liberté, & pour substituer la franche probité aux ruses & aux tracasseries décorées du beau nom de *politique*, dans un siecle où l'abus des mots forme une grande partie de l'art de raisonner; ce peuple, dis-je, a travaillé pendant deux cent ans avec la même constance, la même modération & le même bonheur à consolider & finir l'ouvrage d'une révolution opérée en quelques instans. Il est vraiment libre, car il ne veut être que cela. Ses projets sages, justes & modérés, puisqu'ils ne s'étendent pas plus loin que l'intérêt de son indépendance, ne fournissent ni occasions ni prétextes à ses voisins. On ne réduit point à l'esclavage celui qui dédaigne le Despotisme. Les Suisses commercent de soldats comme les Hollandois d'épiceries; mais ils ont tous réellement une patrie, au sein de laquelle ils sont sûrs de trouver *protection*, *tranquillité* & *liberté*. Leurs yeux *sont souillés* (1) du spectacle de la servitude de l'Europe; mais ils en ont préservé leur constitution & leurs mœurs. Heureux, cent fois heureux, si la disproportion des forces, & la rivalité des différens membres de cette belle association, agitée sans cesse par des intrigues républicaines; ne renversent pas bientôt l'édifice de leur liberté, ou ne troublent pas du moins leur sage & paisible constitution! (2)

Tel est & fut toujours l'Univers, couvert tour-à-tour de conquérans & d'esclaves; car les conquérans, en forgeant les fers des malheureux qu'ils enchaînent, aiguisent ceux qui doivent les renverser un jour.

---

(1) Expression de Tacite, qui, dans la belle harangue de Galgaque à ses compatriotes Bretons, dit en vantant leur position :

„ *Nobilissimi totius Britanniæ*, *eòque in ipsis penetrabilibus* „ *siti*, *nec servientium littora aspicientes*, oculos quoque à contactu dominationis inviolatos *habebamus*.

(2) On sait combien la Suisse se méfie du canton de Berne.

Tel eſt & ſera toujours l'homme tour-à-tour *Deſpote & aſſervi*; car l'homme dénaturé par la ſervitude, devient aiſément le plus féroce des animaux, s'il échappe un inſtant à l'oppreſſion. Il n'eſt qu'un pas du deſpote à l'eſclave, de l'eſclave au deſpote, & le fer le franchit aiſément. Si tous les hommes aiment à dominer, ceux à qui la ſociété déféra le premier rang doivent goûter bien plus vivement encore les plaiſirs de l'autorité, & s'efforcer d'en reculer les bornes.

Ce n'eſt donc pas l'abus du pouvoir qui me paroît inconcevable; il eſt dans la nature comme l'excès de toute autre paſſion, & le premier aſpect en eſt ſi ſéduiſant, qu'on s'y livreroit avidement, ſi la réflexion & l'expérience n'en décéloient pas les dangers.

Ne concluez pas de tout ceci, que ce ſoit une contradiction d'admettre tout à la fois que l'homme eſt *naturellement bon*, & cependant *enclin au Deſpotiſme*. Car la Juſtice, ou la bonté, (ce ſont les mêmes vertus) conſiſte à donner un frein à ſes paſſions, à les ſubordonner au bien général, dans lequel ſe trouve toujours le bien réel & durable de l'individu; mais elle ne conſiſte pas à ne point avoir de paſſions: dépouillement abſurde, impoſſible, & d'où s'en ſuivroit l'anéantiſſement de toute moralité.

Il n'eſt aucune paſſion dont on ne puiſſe dire avec autant de raiſon, que de notre penchant au Deſpotiſme, que l'homme ne doit point l'avoir, s'il eſt naturellement bon. Nouvelle carriere de sophismes & de déclamations, que j'abandonne très-volontiers aux rétheurs à prétention.

Ce penchant général à l'invasion, une fois admis & reconnu, l'on sent bientôt la nécessité de s'opposer continuellement à la tyrannie qui nous menace sans cesse, puisque chacun de nous en a le germe dans son cœur; *fletus ac jampridem insita mortalibus potentiæ cupido*, dit Tacite, cet observateur si fin & si vrai du cœur humain. (1)

On doit appercevoir encore dans une passion aussi générale, aussi active, aussi industrieuse, la nécessité d'être juste; car quel droit ai-je de repousser l'oppression si j'opprime? Quel espoir ai-je d'être tranquille, si je donne l'exemple du trouble?

Cependant quelques hommes sont les fauteurs & les satellites du Despotisme. Il en est peu qui apprécient ses ravages, & luttent contre ses progrès. On ne s'occupe ni d'éclairer ni de contenir les chefs des sociétés, & l'on ne pense pas que l'autorité tutélaire, la seule qui puisse & qui doive subsister, parce qu'elle est la seule nécessaire aux hommes, se corrompt le plus souvent par le propre exercice de sa puissance, & devient d'autant plus aisément dangereuse, qu'elle inspire plus de confiance, & qu'on s'occupe moins de la resserrer.

---

(1) *Natura mortalium avida imperii & præceps ad explendam animi cupidinem.* (Sallust. hist. Jugur.)

Car enfin, tel est l'homme; il empiete sans cesse. Les moralistes ont répété dans tous les siecles, que chacun se fait justice au fond de son cœur. Je voudrois le croire; mais je découvre à tous les pas le combat inégal de l'intérêt & de la conscience; & cette conscience, au tribunal de laquelle on prétend que tous les hommes ressortissent, est le courtisan le plus adulateur des passions humaines, très-équitable d'ailleurs, lorsqu'elle apprécie des actions qui n'intéressent pas ces passions.

Voilà, pour le dire en passant, pourquoi l'administrateur & l'instructeur influent si différemment sur les hommes & les sociétés.

L'instruction est toujours vague & générale, & n'attaque personne dans son intérêt personnel; or les hommes, qui sont frippons en détail, sont cependant honnêtes, pris en masse, dit Mr. de Montesquieu, & chaque homme se réservant tacitement le droit de s'approprier le plus de biens, d'aisances, de commodités & d'avantages qu'il lui sera possible, approuve celui qui lui recommande le bien de tous.

L'action est différente; il faut compter avec celui qui agit. Dès lors il faudroit renoncer à ses avantages usurpés; c'est ce que personne ne veut faire.

Ajoutez que l'instructeur répand beaucoup d'idées qui fructifieront dans les tems à venir, & que l'administrateur n'a le plus souvent d'influence que pendant son action. c'est précisément dans cet instant qu'il ne trouve presque jamais qu'une foiblesse lâche & paresseuse dans ceux qui voudroient le bien, tandis que ceux qui veulent le mal lui opposent une force prodigieuse, parce qu'il opere leur avantage immédiat & particulier.

Revenons, & convenons que le desir de la supériorité est la passion la plus active du cœur humain. Ajoutons qu'il est impossible à l'homme, qu'un grand intérêt ne modérera pas, de ne pas se prévaloir de sa supériorité.

Le desir d'abaisser les autres tient donc inséparablement à celui de s'élever. Ces deux passions combinées produisent la *tyrannie* & *l'esclavage*.

Beaucoup d'hommes ont écrit sur l'esclavage; tous en parlent; car tel dans notre Europe est esclave, qui certainement ne s'en doute pas. Tous l'ont appellé l'ALLIE'NATION DE LA LIBERTE' (1), sans avoir fixé l'idée de ce mot LIBERTE', autrement que par un galimatias confus & inintelligible.

Cette définition de l'esclavage me paroît aussi dangereuse qu'elle est fausse; car elle suppose qu'il est permis à l'homme *d'aliéner sa liberté*.

Je n'envisagerai point cette discussion sous le point de vue moral, comme l'a fait M. Rousseau de Geneve. Ce seroit un tems perdu que de l'entreprendre après un pareil Ecrivain, & je pense d'ailleurs que cette peine seroit inutilement employée.

---

(1) Ou du moins toutes leurs définitions reviennent à celle-là.

C'est assez pour trancher toute question à cet égard, d'établir que l'*aliénation de sa liberté*, ou, pour parler plus exactement, *le don de sa propriété personnelle* est impossible ; & cette proposition est évidente.

Dites au Despote qui prétend être né maître absolu des esclaves qu'il opprime & foule à son gré, de s'approprier leurs plaisirs, leurs peines, leurs sensations, leurs forces, toutes les facultés enfin qui composent la *propriété personnelle* ; il vous répondra peut-être par un bourreau ; c'est l'unique raison des tyrans. Déplorons son aveuglement ; détestons ses principes ; mais ne nous laissons jamais persuader par la violence. Il est aussi honteux de se laisser subjuguer par elle, qu'il est odieux de l'exercer.

L'homme ne sauroit franchir les bornes dans lesquelles la sage nature l'a circonscrit. Nul individu ne sauroit s'approprier un autre individu, que sous des *conditions physiques obligatoires*. J'ai mon existence au même titre que celui qui veut en user pour son avantage. Il n'a donc pas plus de droits sur moi, sur mon travail, ou ce qui revient au même, sur mes *propriétés*, que je n'en ai sur lui ; & nous ne pouvons jamais qu'*échanger nos facultés* ; nous ne saurions *engager notre existence* ; par la raison très-simple & tres-concluante qu'il nous est impossible d'en changer avec qui que ce soit.

Les ordonnances des Rois de France * qui

* *Louis IX. & son frere Philippe*, 1318.

prescrivent les affranchissemens, *sous des conditions justes & modérées*, sont la preuve la plus authentique & la plus humiliante du degré de barbarie, de déraison & d'ignorance, auquel les hommes puissent atteindre.

Ces bienfaiteurs du XIVe. siecle croyoient faire grace à la plus grande partie des hommes, (car dans tous les pays les ESCLAVES ou VILLAINS furent la classe la plus nombreuse) en leur accordant la faculté de vivre & de respirer pour eux. Ils imaginoient que l'homme pouvoit être rangé sous un esclavage légitime, puisqu'ils prescrivoient les conditions *douces & modérées*, sous lesquelles leurs sujets pourroient recouvrer leur liberté. Remarquez cependant qu'accorder les affranchissemens sous des conditions quelconques, c'étoit *modifier* l'esclavage, & non pas le détruire. Remarquez encore que cet acte de législation, sublime pour ces siecles sauvages, s'il n'eût été plutôt dicté par la politique qu'inspiré par l'humanité, n'étoit guere motivé que par un jeu de mots. „ Leur Royaume étant appellé „ le Royaume des Francs, ils vouloient qu'il „ le fût en réalité comme de nom. "

Si nous ne pouvons pas disposer de notre liberté, à plus forte raison ne saurions nous engager celle de nos descendans, dont la propriété personnelle n'est pas & ne sauroit jamais être à nous. C'est encore un axiome, dont la démonstration est inutile, & qu'il est impossible de contester de bonne foi.

L'acte de soumission, ou plutôt de *servage*,

connu ſous le nom d'*obnoxiatio*, par lequel beaucoup d'hommes en Europe ſe rangeoient volontairement à la ſervitude eux & leurs enfans : celui par lequel beaucoup d'autres, enivrés de ſuperſtitions, ſe vouoient eux & leur race à la condition d'*eſclaves*, ou *ſerfs volontaires des égliſes*, * ſont le monument preſque incroyable du délire le plus inique, le plus révoltant & le plus abſurde que les faſtes de l'humanité nous aient tranſmis.

L'enchaînement des idées m'a conduit à cette grande vérité, que je pourrois démontrer par l'hiſtoire de tous les âges & de tous les pays ; *les hommes forgerent leurs chaînes en établiſſant leurs législations* : mais l'énonciation de ce principe exige, pour ſauver toute équivoque, une diſcuſſion ſur l'établiſſement des ſociétés.

J'oſe eſpérer que tout homme de bonne foi, qui aura lu avec attention ce qui a précédé, ne me ſoupçonnera pas de déclamer contre elles, & voudra bien m'accorder la juſte appréciation des mots que j'emploie. Voici mes principes à cet égard : je demande qu'on les médite. Je ne ſais être clair que pour les gens attentifs.

Certains déclamateurs ont vanté la douce volupté d'habiter au fonds des bois, & d'y recueillir avec peine la ſubſiſtance précaire & ſpontanée de la chaſſe, de la pêche, & du gland. Ils ont ſoutenu que l'*homme a ſubi le*

---

* *Les oblats*, *oblati*.

joug en se réduisant en société. Cette idée de quelques modernes est renouvellée des anciens Germains (1). On n'auroit pas soupçonné que leurs opinions philosophiques fissent des sectaires dans le XVIIIe. siecle.

D'autres Auteurs ont été plus loin encore. L'un de nos contemporains * à qui je reconnois le plus de droiture de cœur & de force de génie ; le plus élégant des écrivains François, sans nulle exception, & peut-être aussi le plus éloquent, s'est, à mon avis, étrangement trompé quand il a dit, que l'homme *dans l'état de nature répugnoit à la société*, ou, ce qui revient au même, *que la nature n'avoit pas destiné l'homme à la société.* †

La société est l'état naturel de l'homme, comme celui de la fourmi & de l'abeille ; état fondé sur sa sensibilité, sur sa bienfaisance, sur son amour de la liberté ; sur la haine des privations, sur l'expérience de l'utilité des secours réciproques ; sur la crainte de l'oppression, ou, en d'autres mots, du DESPOTISME.

---

(1) Tacite (*hist. l. 4.*) dit expressément que les Germains regardoient l'habitation des villes comme une marque de servitude, & qu'ils exigeoient de ceux de leurs compatriotes qui avoient secoué le joug, de démolir les villes romaines. *Les animaux même les plus féroces, disoient-ils, perdent leur ardeur & leur courage lorsqu'ils sont enfermés.*

* *M. Rousseau de Geneve.*

† *Disc. sur l'inég. des condit. parmi les hom. sur-tout la I. partie.*

Quand on nieroit ces vérités de sentiment, je soutiendrois toujours que la durée de l'enfance humaine nécessite une société, indépendamment de l'instinct d'association, commun à presque tous les êtres organisés. L'homme, qui, dans aucun tems de sa courte durée, ne peut presque rien seul, est le plus dépendant des animaux pendant les douze premieres années de sa vie. Il périroit certainement dans cet ntervalle d'impuissance & de foiblesse, sans les soins de sa mere, & la commisération de son pere. Comment celui * qui a prouvé si bien & si souvent que l'homme naissoit bon, peut-il croire qu'un être humain atteindra cet âge sans connoître ceux à qui il doit & la vie & la conservation, & qui probablement exigeront de lui des secours auxquels ils ont de si justes droits? Car les hommes n'accordent rien pour rien. Comment cet être doué d'organes sensibles oubliera-t-il totalement ses bienfaiteurs? Comment aux approches de la vieillesse, qui, chez les premiers humains fût peut-être plus tardive, mais qui diminua cependant comme aujourd'hui les facultés, affoiblit les sens, &c. comment, aux approches de la vieillesse de ses parens, le jeune sauvage ne sentira-t-il pas qu'il a une dette à payer (1). Cette *apathie*

* *M. Rousseau.*

(1) Je sais tout ce que les voyageurs ont raconté de la maniere dont certains Sauvages sauvent leurs peres de

machinale qui ne feroit troublée que par les fenfations directes & perfonnelles de l'individu, femble contrarier abfolument le cœur humain, celui même dont on fuppofe la fenfibilité la moins développée.

Si je m'abufe, en jugeant, fans m'en appercevoir, de l'état de nature, par les notions fociales dont je fuis imbu, au moins ce fentiment d'union, de fenfibilité, de reconnoiffance que vous attribuez à la civilifation, eft-il préférable à l'indifférence, ou plutôt au parfait oubli des bienfaits que vous fuppofez dans la nature. Ne doit-on pas en conclure que l'état de fociété vaut mieux pour l'homme, qu'il eft le plus digne emploi, comme le plus heureux réfultat de fa perfectibilité?

L'on aura beau fubtilifer. Il eft impoffible de révoquer en doute l'exiftence d'une fociété néceffaire, née d'abord au fein des familles, formée enfuite par la réunion de ces familles. Suivez la gradation des liens domeftiques dans leurs différentes branches, & la fucceffion rapide des befoins de l'homme, vous concevrez la formation d'une fociété immenfe, & vous direz bientôt avec un Auteur * vraiment méthodique & lucide, „ que le problê„ me le plus difficile à réfoudre feroit d'expliquer

la caducité; mais je fais auffi quelle créance méritent les voyageurs, fur-tout quand ils contredifent évidemment la nature.

* *L'Aut. des vrais princ. du droit nat.*

„ pliquer comment les hommes, vu la con„ stitution physique & morale des deux sexes „ dans l'âge viril, dans l'enfance & dans la „ vieillesse, pourroient vivre long-temps dans „ l'état de simple multitude, sans aggréga„ tions sociales. "

J'ose croire que je renverserois facilement ici, si c'en étoit la place, tous les exemples & les objections dont M. Rousseau s'est servi pour combattre avec tout l'art & l'esprit possible ce systême, qui tient invinciblement à la longue débilité de l'enfance de l'homme, aux premiers & aux plus puissans sentiments du cœur humain.

Mais ce seroit un retour si humiliant sur soi-même que la conviction la plus évidente d'avoir eu raison avec ses maîtres, que je suis très-éloigné de porter aucune sorte de présomption ou d'opiniâtreté dans cette discussion, qui ne renferme d'ailleurs, selon moi, qu'une discussion oiseuse & tout-à-fait inutile.

En effet, que l'homme dans l'état de nature répugne ou ne répugne point la société; celle-ci n'en existe pas moins, & tous les livres possibles ne parviendront pas à la dissoudre. Il vaut donc mieux s'efforcer de l'éclairer; que de lui montrer qu'elle a tort d'exister.

M. Rousseau, vivement affecté de la corruption des villes, prétend que les institutions sociales ont dégénéré de l'état de nature, & rendent les hommes plus malheureux.

Si nous embrassons cette opinion, tâchons

de découvrir des remedes ou dumoins des palliatifs à nos maux. Cette recherche est plus utile & plus agréable à faire que la satyre des hommes & de leurs sociétés. Sénéque ne nous a pas appris une vérité bien intéressante, quand il a dit „ que la nature a départi à cha„ cun sa misere comme un art qu'il doit étu„ dier. „ (1) C'est la science des consolations qui intéresse les hommes.

Si, comme le plus grand nombre croit l'éprouver & le sentir, notre condition est semblable à celle des Caraïbes, craignons de décliner, & sur-tout étayons de principes la conservation des droits de l'homme, qui n'habitera probablement plus les forêts, quand la nature produiroit un nouveau Timon aussi éloquent que M. Rousseau pour le convertir à ce triste genre de vie.

Pour moi, je ne saurois me persuader que l'homme ait fait un mauvais marché quand il s'est rapproché de ses semblables, lui qui se trouve réduit à ne satisfaire que ses besoins les plus indispensables, & qui est incapable de se procurer les moindres jouissances quand il ne peut employer que ses propres facultés. L'on n'a pas trouvé dans tout le monde connu une race d'hommes, sans une sorte de société. Pourquoi d'un pole à l'autre, l'espece humaine auroit-elle embrassé un genre de vie contraire à sa nature?

---

(1) *Sua cuique calamitas tanquam ars assignatur.*

Non-seulement l'homme semble fait pour la société, mais on peut dire qu'il n'est vraiment homme, c'est-à-dire un être réfléchissant & sensible, que lorsqu'elle commence à s'organiser; car tant qu'il ne forme avec ses semblables qu'une association momentanée, il est encore féroce, dévastateur, & n'a guere que des idées de carnage, de bravoure, d'indépendance & de spoliations. C'est une vérité démontrée par l'histoire de toutes les incursions des hordes justement surnommées *Barbares*, qui n'étoient qu'un ramassis d'hommes associés par leurs communs besoins, auxquels leur patrie inculte ne pouvoit suffire; réunis par instinct, dépourvus de principes & de Loix; car elles ne se forment & ne s'établissent qu'en réfléchissant sur cet instinct; qui, d'abord exclusif pour telle ou telle tribu, parvient enfin à découvrir le respect inviolable dû aux droits de tous.

Soutenir que chaque individu à fait des pertes précieuses en se réunissant à d'autres individus, c'est faire à-peu-près le même raisonnement que celui qui diroit: „ l'homme qui „ peut faire des avances de culture pour exploi- „ ter le sol où la nature l'a placé, est plus pau- „ vre que celui qui ne le peut pas, parce qu'il „ fait cette dépense de plus. " L'avance qui reproduit est-elle donc une dépense?

Mais la comparaison n'est pas exacte, car les hommes n'ont rien voulu ni dû sacrifier en se réunissant en société; ils ont voulu & dû étendre leurs jouissances & l'usage de la liberté, par les secours & la garantie réciproques. voilà le motif de la subordination qu'ils rendent à l'autorité souveraine, à qui le peuple a confié sa défense & sa police. Les hommes conservent dans la société bien ordonnée toute l'étendue de leurs droits naturels, & acquierent une beaucoup plus grande faculté d'user de ces droits. Tout ce qui leur étoit permis dans l'état primitif leur est encore permis; tout ce qui leur étoit défendu leur est encore défendu; & ce *tout* se réduit à garder & multiplier ses propriétés, & à respecter celles d'autrui. La seule différence entre l'état primitif & le social, c'est que plus la société est complete & plus chacun a de propriétés.

Telle est l'idée que je me forme de cette union appellée *société*, que le penchant général de l'humanité, autant que ses besoins, a établie sur toute l'étendue de ce globe.

Tout autre systême, j'ose le dire, est moins conséquent, moins vraisemblable, moins avantageux à l'humanité.

En effet, l'on sent qu'il est facile d'asseoir sur cette base les *droits* de tous les hommes, & conséquemment les *devoirs* relatifs des *Souverains* & des *peuples*.

Mais si vous admettez que la société est un état contre nature, *væ victis*; malheur à ceux qui ont subi la loi du plus fort. Les tyrans sont tyrans parce qu'ils le sont devenus : pourquoi l'homme sortoit-il de ses forêts ?

„ Qu'importe ? m'allez-vous répondre : „ vous crierez de même au Despote, le

„ jour où il ſera renverſé, *væ victis.* „

J'entends ; mais pourquoi faire circuler parmi les hommes le droit du plus fort ? C'eſt un code bien triſte & bien dangereux. L'inſtruction, cette arme plus douce, plus puiſſante même avec le temps, ſuffira à l'organiſation des ſociétés, & la préſevera des convulſions de la violence.

La Nature qui condamna, ou plutôt qui, dans ſa bienfaiſance, voua l'homme au travail, a voulu que, pour ſon plus grand avantage, il aidât ſes ſemblables & fût aidé par eux. C'eſt elle qui a dicté cette Loi chinoiſe ſi ſage & ſi belle, & qui renferme tous les premiers principes ſociaux. „ Celui qui laiſſera une année „ ſans cultiver ſon champ, perdra ſon droit „ de propriété. "

La Nature eſt une parfaite légiſlatrice ou plutôt elle eſt la ſeule, & je n'ai prétendu parler que des inſtitutions humaines, quand j'ai avancé qu'elles étoient la baſe de la tyrannie, & le berceau de la ſervitude.

C'eſt en comparant ces inſtitutions à la Loi NATURELLE, à cette loi obligatoire pour tous, ineffaçable malgré les préjugés délirans de l'humanité, impreſcriptible, quelque contradiction qu'elle rencontre dans les légiſlations humaines, qui ne ſont cependant fondées que ſur elle ; c'eſt en les comparant, dis-je, à cette Loi ſimple, une & ſublime, que nous démontrerions l'inſuffiſance, la défectuoſité & les dangers de nos codes legiſlatifs.

Cet important théorême politique eſt plus

facile à sentir qu'à développer. Je n'entreprendrai pas aujourd'hui cet ouvrage qui sera dans tous les temps trop au-dessus de mes forces.

Je remarquerai seulement, relativement à l'existence d'une législation naturelle que l'on a voulu révoquer en doute ; (car quelle vérité les hommes n'ont-ils pas niée ? quelle erreur n'ont-ils pas assurée ?) je remarquerai, dis-je, qu'il seroit bien étonnant que, dans l'immense chaîne des Etres, où tout est assujetti à des loix distinctes, fixes & immuables, l'homme échappât seul à cette volonté nécessaire de l'Auteur de la nature, qui, pour me servir des expressions d'un beau génie, * *obéit toujours à ce qu'il commanda une fois.* „ C'eut été envain „ qu'Amphion & Orphée auroient accordé „ leurs lyres, s'il n'y avoit point eu d'unisson „ correspondant dans la constitution hu„ maine " †

Loin de rechercher & de développer cette Loi naturelle, aussi essentiellement existente que le soleil qui nous éclaire, & qui féconde le globe que nous habitons, les Législateurs, semblables à ces hommes qui adoroient les ouvrages de leurs mains, ont osé croire qu'il étoit en leur pouvoir de créer des Loix pour l'homme... Que n'entreprenoient-ils aussi de reculer ou d'avancer à leur gré les saisons !

Ainsi la nature & les institutions humaines,

---

* *Le Cardinal de Retz.*
† *Milord Bolingbroke.*

les passions & les législations se sont heurtées ; les contradictions se sont amoncelées ; les codes se sont multipliés, & la connoissance des loix positives est devenue pour les peuples policés une science immense ; leur étude est plus fatigante pour la mémoire que pour l'entendement.

Tels sont les ouvrages de l'homme ; ils portent l'empreinte de la mobilité de son esprit plus subtil, plus actif à prévoir & multiplier les exceptions, que propre à saisir des principes généraux, à observer & méditer la Nature, plus industrieux en un mot à exercer son *imagination* qu'à se servir de sa *raison*.

Cette distinction est juste. *L'imagination* & la *raison*, ces deux facultés de l'homme les plus précieuses & les plus utiles, & dont les philosophes ont si différemment évalué le mérite & assigné le rang, l'imagination & la raison varient autant dans leurs propriétes que dans leurs usages.

Réfléchir, méditer sur nos sensations & nos connoissances, & les appliquer sur les objets de nos recherches, c'est ce que j'appelle *exercer sa raison* ; elle est *un outil de calcul*, si j'ose m'exprimer ainsi ; mais *l'imagination*, mere de la métaphysique, est souvent aussi celle de l'erreur.

Je sais qu'il faut convenir de l'idée qu'on attache à ce mot *métaphysique*. Les philosophes dignes de porter ce nom de *philosophes*, c'est-à-dire, les hommes instruits & dialecticiens (1) ont une métaphysique profonde, mais remplie de clarté, méthodique, analytique qu'ils doivent à de vastes connoissances, à de longues méditations, à des observations assidues. Il n'est point de vérité & de connoissance qu'on ait découverte, étendue, développée sans cette métaphysique; ou plutôt, il n'est point de science humaine qui n'ait un métaphysique de cette sorte.

Les sophistes appellent leurs subtilités tortueuses, énigmatiques, & le plus souvent puériles, la *métaphysique*. Il est bien peu d'erreurs morales & politiques que n'ait enfantées cette science futile & illusoire, qui s'est introduite de nos jours dans presque toutes les connoissances.

L'imagination est, pour ainsi-dire, le joujou de l'humanité. „ Les facultés de l'imagination, „ dit Robertson *, ont déjà acquis de la vigueur, avant que celles de l'esprit soient exercées sur les matieres abstraites & spéculatives. Les hommes sont poetes avant que d'être philosophes : ils sentent vivement & savent peindre avec force, lors même qu'ils

(1) Bien entendu qu'ils soient de *bonne foi*; car sans bonne foi, il n'existe point d'*honnêteté*, & sans honnêteté, la philosophie est un mot vague, & le philosophe un *charlatan*. C'est, selon moi, le plus méprisable, comme le plus ridicule de tous les métiers, de *vendre ou louer* des paroles, pour me servir de l'expression de Martial.

* *Introduct. à l'hist. de Charles-Quint.*

„ n'ont fait encore que peu de progrès dans le „ raisonnement ; le siecle d'Homere & d'Hé- „ siode précéda beaucoup celui de Thalès & „ de Socrate. "

Ces réflexions ne sont point étrangeres ici ; elles peuvent aider à résoudre ce problème singulier : pourquoi les législations, ce premier besoin de l'humanité, dont la Nature elle-même a tracé le plan, sont-elles si défectueuses, & moins avancées que tout autre ouvrage de l'esprit humain ?

Les hommes sacrifient sans cesse à l'imagination, parce qu'elle les séduit plus sûrement, parce qu'elle flatte leur amour-propre plus que la marche lente & calculée de la froide raison ; parce que l'exercice de celle-ci, appliquée à méditation, est plus pénible & à la portée de moins d'hommes, que les jeux de celle-là. Notre orgueil, aussi adroit qu'insatiable, nous fera préférer toujours & de beaucoup ce que nos talens peuvent atteindre, à ce qu'ils ne sauroient embrasser. Le poëte méprise le géometre, le géometre dédaigne le poëte. „ Les philosophes, dit Bolingbroke, ont „ trouvé qu'il étoit plus aisé d'imaginer que de „ découvrir, de conjecturer que de connoî- „ tre ; ils ont donc pris cette voie pour ac- „ quérir de la réputation, celle-ci leur étant „ pour le moins aussi chere que la vérité, & „ plusieurs ont admis une vaine hypothèse „ pour un systême réel. " C'est-là la marche de tous les charlatans ; ce n'est pas celle de l'homme de génie, de l'homme profond. (1)

Mais les hommes profonds sont & seront en petit nombre dans tout les siécles. Aussi les observateurs sont-ils plus rares que les gens d'esprit ; parce que l'imagination seule fait un homme d'esprit, tandis que le génie, éclairé par des connoissances, & guidé par une raison saine & exercée, suffit à peine aux observateurs.

Suivez cette gradation ; & peut-être ne trouverez-vous pas un homme capable d'être Législateur, c'est-à-dire, d'étendre & de réunir les diverses applications de la Loi naturelle, parmi des milliers de politiques déliés.

C'est pour les hommes médiocres, ou du moins incomplets, qu'on a établi la distinction *d'esprit* & de *génie*. Ce sont les deux parties du même tout ; mais où trouver ce tout rassemblé ?

Si par hasard on le rencontre, il faut encore que ce favori de la Nature applique ses talents & ses forces sur un tel objet, & sur-tout qu'il étudie la Nature plutôt que de se livrer à son génie ; tentation très séduisante & trop dangereuse.

En un mot la science du droit naturel, seule entre toutes les connoissances humaines, en-

---

(1) *Hypotheses non fingo*, dit Newton, en avouant qu'il n'a pas pu déduire des phénomenes la raison des propriétés de la pesanteur.

core obſcurcie des ténèbres de nos ſiécles de barbarie, eſt à peine à ſon berceau. Nous avons vu mourir de nos jours l'homme juſtement célebre & vraiment reſpectable *, qui a fait entrevoir le premier à la nation, que l'art de gouverner les hommes & de les rendre heureux en valoit bien un autre.

Preſque tous les auteurs, ou plutôt les reſtaurateurs de nos légiſlations, ont beaucoup imaginé & peu médité. Ils ont travaillé ſans enſemble, faute d'un premier principe; ils ſe ſont contredits, faute de méthode. Ils ont donné une nouvelle ſolution à chaque difficulté nouvelle qui s'eſt préſentée : l'édifice aſſis ſur le ſable mouvant eſt devenu d'autant moins ſolide qu'il s'eſt plus élevé : les loix ont contredit les loix : nous en devons une grande partie à des temps obſcurs où la ſuperſtition, l'ignorance & la fureur belliqueuſe ſe diſputoient à l'envie l'eſprit humain. Envain a-t-on voulu redonner quelque enſemble à ces compilations informes. On manquoit de *principes*; & tout, en ce genre, porte ſur les principes les plus ſimples, les plus évidens & les plus invariables. Il a été bientôt facile d'éluder la plus grande partie d'un code immenſe, de ſe prévaloir de l'autre; & ce code eſt devenu le gage d'impunité des brigands de la ſociété; c'eſt à la corruption des mœurs que le pénétrant & profond Tacite attribuoit la multi-

* *Monteſquieu.*

plicité des loix Romaines ; & c'eſt à leur nombre infini qu'il rapportoit l'origine de toutes les diſſentions de la république, & les ſuccès des factieux (1) qui l'aſſervirent à la fin. Pour peu qu'on y réfléchiſſe, en effet on ſentira que c'eſt ſervir le Deſpotiſme que de multiplier les loix ; *car il y a*, dit très-bien Montaigne, *autant de liberté & d'étendue à l'interprétation des loix qu'à leur façon.* Au milieu de tant *d'interprétations*, ſans doute, on peut choiſir arbitrairement, & toute volonté arbitraire peut trouver une raiſon ou un prétexte dans ce dédale immenſe. Sortons des rèves métaphyſiques, qui n'ont guere d'autre réalité que leurs inutiles ſubtilités : abandonnons les ſpéculations politiques ſoumiſes aux caprices des circonſtances ; l'homme n'eſt pas fait pour être ainſi baloté ; & la Nature nous deſtina ſans doute des loix plus ſûres & moins mobiles. Elle n'a point fait de ſyſtèmes particuliers ; les droits de tous les hommes & de toutes les nations ſont les mèmes, auſſi-bien que leurs devoirs.

Tout le bien de la ſociété doit naître de l'ordre de cette ſociété. Bornons là notre objet &

---

(1) Si vous en voulez la preuve, cherchez dans le troiſiéme livre de ſes annales cette belle digreſſion ſur les loix, qui commence par ces mots. (Elzew. 1640. p. 110,) *ea res admonet ut de principiis juris, &c.* juſqu'à ceux-ci (p. 111.) *ſed altiùs penetrabant, &c.* On y trouve ces propres mots : *jamque non modò in commune, ſed in ſingulos homines latæ quæſtiones ; & corruptiſſima republ. plurimæ leges.*

nos recherches. Ne regardons, en fait de morale, qu'autour de nous; ne la séparons jamais de l'ordre physique. Le vol de l'homme est resserré dans des limites étroites. S'il s'éleve trop, il perd ses ailes; c'est la fable d'Icare, plus philosophique que l'on ne croit communément.

L'un des plus grands hommes, dont la France se glorifie *, s'est envain efforcé de ramener la science du gouvernement à des discussions morales, & à des distinctions métaphysiques. Mr. Dalembert est tombé dans un inconvénient à-peu-près pareil, lorsque dans ses élémens de philosophie † il distingue *une morale de l'homme*, *une morale des législateurs*, *une morale des états*, *une morale du citoyen.* Ou je n'entends pas ces mots, ou ils sont autant de *pléonasmes.* A ces *quatre branches de la morale* il en joint une cinquiéme; qu'il appelle *la morale du philosophe.* C'est un étrange être qu'un philosophe, si sa morale est différente & distincte de celle de *l'homme* ou du *citoyen.*

Les devoirs de tous consistent dans l'accomplissement de la loi. La loi, c'est-à-dire *l'ordre* est tout fondé sur les sensations & les besoins physiques de l'homme, à qui la Nature occorda autant de facultés pour jouir, qu'elle lui permit de jouissances; c'est donc au sein de ces jouissances; c'est dans leur distribution,

---

* *Montesquieu.*

† *Division de la morale, n°. VIII.*

leur arrangement, leur reproduction, qu'il faut chercher le code *social*.

Je dis *social*, & je me sers d'un mot dangereux dans la discussion, par la multiplicité des idées vagues qu'on s'est formées à son occasion. On a vu mes principes à cet égard; & si l'on eût au mot *social* substitué celui de *naturel*, on eût apperçu plutôt, que si l'homme, par sa constitution, naît avec des dépendances nécessaires, nœud essentiel de la société, cette société doit donner le plus de liberté possible aux individus qui la composent, en étendant la masse de leurs propriétés & multipliant leurs jouissances. Sans cette *loi* plus de consistance, ou, pour tout dire en un mot, plus de société; car la formation de celle-ci n'est que l'extension des relations primitives, & non leur abolition. Or les premieres relations naturelles sont d'aider & de faire du bien, pour en recevoir & être aidé.

Je l'ai déjà dit : je ne prétends pas reprendre en détail aucune des législations connues; ce seroit tracer l'histoire du Despotisme, ouvrage peut-être le plus beau qui soit à faire aujourd'hui, mais immense & d'une exécution très-difficile; c'est autre chose de suivre la marche du Despotisme & d'en développer les manœuvres & les ruses, ou de tracer ses ravages, & de s'élever contre ses progrès. Beaucoup d'historiens pouvoient peindre les regnes affreux des Néron & des Caligula. Tacite seul a su démêler Tibere.

J'entreprendrai bien moins encore d'indiquer

une légiſlation univerſelle ; c'eſt-à-dire, de développer celle de la Nature, occupation digne d'exercer les forces du plus beau & du plus vaſte génie ; mais d'une exécution preſque impraticable, vu les inſtitutions adoptées parmi les hommes, les préjugés des eſclaves, les intérêts des maîtres.

Je n'ai voulu que raſſembler ici des réflexions générales ſur le Deſpotime ; ouvrage plus proportionné à ma médiocrité ; car l'indignation donne du coloris. „ Les ignorans „ mêmes, dit Quintilien, quand une paſſion „ violente les agite, ne cherchent point ce „ qu'ils ont à dire. C'eſt l'ame ſeule qui nous „ rend éloquens, dit-il encore. " Mon ame eſt honnête, & fortement émue des vérités que j'oſe écrire. Puiſſent ſes inſpirations me donner le pouvoir d'entraîner & de perſuader !

Les premiers principes que je viens d'expoſer, & que j'ai reſſerrés le plus qu'il m'a été poſſible, (car la ſéchereſſe nuit à la vérité) étoient néceſſaires pour entendre ce qu'on va lire : je me livrerai déſomais à mes idées, telles qu'elles ſe préſenteront à mon imagination. Pour me ſuivre, il faut ſentir auſſi fortement que moi ; je le crois ; mais ſi j'ai dit la vérité, pourquoi ma véhémence à l'exprimer diminueroit-elle de ſon prix ?

Je prétends prouver que le Deſpotiſme eſt dans les Souverains l'amour des jouiſſances, peu éclairé, & par conſéquent que la ſoumiſſion au Deſpotiſme eſt dans les peuples l'ignorance ou l'oubli de leurs droits. Inſtruiſez les

Rois & les sujets, & le Despotisme est coupé par le pied.

L'homme, je le répete, est un animal bon & juste qui veut jouir. Le Despotisme ne peut être admis par lui, ni souffert par lui, dès qu'il est suffisamment instruit, attendu que le Despotisme n'est ni bon ni juste; qu'il n'augmente pas les jouissances des Princes, qu'il diminue leur puissance, qu'il détruit les jouissances des citoyens, & qu'il attente à la sûreté de tous.

Tous les peuples que j'ai cités, en commençant cet ouvrage, tous ceux qu'on pourroit leur joindre, tous ceux en un mot qui seront jamais conquérans ou Despotes, étoient, sont & seront des ignorans. Ceux qui l'ont souffert ou le souffriront, furent & sont d'autres ignorans.

Tous les actes de Despotisme ne sont que des combats dans l'obscurité, entre gens qui cependant craignent les coups; car l'homme tend au bonheur, & ne veut qu'être tranquille. Apportez la lumiere & vous les verrez tous en paix.

Cette lumiere, à l'approche de laquelle les dissentions civiles, les crimes sociaux, les attentats publics, les préjugés, le fanatisme s'anéantiront toujours, est la seule barriere que l'on doive élever contre toutes les erreurs, tous les brigandages politiques & les maux de la société.

L'instruction & la liberté sont les bases de toute harmonie sociale, & de toute prospérité humaine; j'aurois pu dire seulement *l'instruction*; car

car la liberté en dépend très-absolument ; puisque l'instruction universelle est l'ennemi le plus inexpugnable des Despotes ; ou plutôt, à l'époque de cette universalité de lumieres, le Despotisme deviendra un être de raison, impossible à réaliser, ce qui vaut bien mieux encore ; car il seroit absurde & cruel de blesser les hommes sous le prétexte d'une guérison infaillible.

Il est évident, & l'on ne sauroit trop se le persuader, que *l'instruction générale* qui fourniroit à chacun des principes fixes & raisonnés, & deviendroit la boussole invariable de nos jugemens, nous apprendroit à assigner *aux noms, aux idées, aux choses* leur véritable valeur, & que dès ce moment on n'auroit plus à redouter, pour la tranquillité publique, les illusions qui séduisent encore les hommes après les avoir déja tant séduits.

Il est évident que nul homme ne laisseroit tranquillement incendier ses moissons ; mais il est tout aussi évident que si chaque volonté arbitraire, chaque brigandage en finance, chaque coup d'autorité portoit avec lui, graces à l'universalité de l'instruction, l'idée d'un forfait social aussi direct qu'un incendie volontaire, tous s'opposeroient à son exécution.

Il n'est pas moins certain que si tous les Princes envisageoient les suites d'une administration arbitraire, suites affreuses pour les hommes, & non moins terribles pour eux-mêmes, ils se garderoient bien d'être Despotes.

Jettez les yeux sur l'histoire ; laissez-les retomber ſur vous-même, & voyez ce qu'a pu l'ignorance des droits, des devoirs de l'homme, & des principes naturels. Ecoutez les éloquens déclamateurs qui vous décriront, en termes très-faſtueux, les maux dont l'eſpece humaine eſt & fut rongée, & répondez-leur ; „ éclairez les „ hommes, vous n'aurez plus d'autre emploi „ à faire de votre éloquence que celui de venter „ leur bonheur. "

Eclairons donc les hommes, & ſur-tout les Princes ; car il faut en convenir ; il eſt beaucoup moins étonnant qu'un Roi ſe diſe à lui-même : *la Nature entiere eſt ſoumiſe à mon pouvoir, & mes ſujets n'ont de deſtination que celle de m'obéir & de me ſervir* ; qu'il n'eſt croyable que des hommes aient ſoutenu de bonne foi le dogme de L'OBE'ISSANCE PASSIVE. L'amour-propre exalté devient démence (1) ; quand tout plie ſous notre volonté, nous nous perſuadons aiſément que tout en effet doit s'y ranger : mais qui peut ſe dépouiller de ſon exiſtence, au point de la croire phyſiquement & moralement aſſervie à celui qui n'a pas plus de ſens & d'organes que nous ? & que tout nous déſigne pour notre ſemblable ? Cette abnégation n'eſt pas dans la nature ; & l'on ne peut, malgré toutes les illuſions de l'amour-propre, conclure en pareil cas pour les autres, que d'après ſon propre ſen-

---

(1) . . . . : *Nihil eſt quod credere de ſe non poſſit ; cum laudatus diis æqua poteſtas.*

(Juven. ſat. IV.)

timent intérieur. Convenez donc & ne doutez jamais que tout fauteur du Deſpotiſme eſt un lâche que la terreur ou l'intérêt conduiſent.

C'eſt donc aux Rois qu'il faut s'adreſſer. C'eſt eux qu'il faut oſer inſtruire & ramener aux premiers principes naturels, dont il eſt très-facile de s'écarter; mais à l'évidence deſquels il eſt impoſſible de ne pas ſe rendre quand on les enviſage.

Oui, j'oſe dire qu'il eſt impoſſible de ne pas concevoir & convenir que l'homme réuni en ſociété, comme le lui indique la Nature & l'inſtinct dont elle l'a doué, n'a étendu ſes rélations que pour l'intérêt de ſon bien-être, objet conſtant & néceſſaire de ſes actions & de ſes deſirs.

Les hommes ſont nés en famille *, je le répete; & les familles enſuite ſe ſont confédérées pour réſiſter au Deſpotiſme des bêtes féroces, des torrens, des ouragans, &c. De cela ſeul il ſuit que le Deſpotiſme n'eſt pas la conſéquence de la ſociété, comme des frénetiques ont oſé l'avancer; mais bien l'anéantiſſement de la ſociété. Ce n'eſt pas une forme de gouvernement; c'eſt l'anéantiſſement de toute forme eſſentielle de gouvernement; c'eſt un ETAT CONTRE NATURE.

Etendons ces idées.

Le premier principe, baſe de toute diſcuſſion, ſource de toutes vérités, en matiere de

* *Voyez p. 41.*

gouvernement & de morale, c'eſt qu'on ne doit à la ſociété, qu'en raiſon de ce qu'elle nous profite; puiſque ſon objet eſt de procurer des avantages à l'eſpece humaine, de multiplier ſes forces, ſes richeſſes & ſes jouiſſances. C'eſt une vérité de ſentiment qu'il eſt preſque auſſi inutile de démontrer, qu'il ſeroit impoſſible de combattre; que je crois avoir ſuffiſamment établie, & qui ſera ſouvent étendue & conſidérée ſous ſes divers rapports dans la diſcuſſion de cet ouvrage dont elle eſt la baſe.

C'eſt de cette vérité qu'il ſuit évidemment que l'homme ne doit au Gouvernement qu'à proportion que ſa conſtitution fait les conditions meilleures ou plus défavorables, c'eſt-à-dire, à proportion qu'il ſe rapproche plus ou moins du premier & unique motif de ſon inſtitution; c'eſt ici le même axiome réduit à des termes plus généraux.

Mais dans le Deſpotiſme, la force eſt le ſeul droit; on n'y peut pas plus faire avec juſtice le procès à un révolté qu'à tout autre: il n'y a de Loi que celle du plus fort. La juſtice n'y exiſte pas: il n'y a point de citoyen. Un homme n'eſt qu'un eſclave: un eſclave ne doit rien, parce qu'il n'a rien de propre. Un homme de cœur ſortira bientôt d'un pays où le Deſpotiſme ſera établi. S'il ne le peut pas, il ſera bientôt dégradé. Où la patrie ne doit rien, on ne lui doit rien; parce que les devoirs ſont réciproques. Le gouvernement, qui eſt un ſeul homme, diſpoſe de tous les autres pour ſon plaiſir, ſon caprice, ou ſon intérêt. Dès-lors chaque individu a la permiſſion tacite de s'avantager autant qu'il le pourra ſur le Souverain. En juſtice réglée, il ne ſauroit y avoir de trahiſon dans un Etat Deſpotique, parce que l'eſclave ne peut être ni créancier ni débiteur. On ne ſauroit circoncire des Loix & des régles dans un gouvernement, dont l'eſſence eſt de n'en avoir point, & ce défaut de régles eſt le vice qui doit tout détruire, car rien ne ſe conſerve & ne ſe reproduit dans la Nature que par des Loix fixes & invariables.

Ces vérités, j'oſe le dire, ſont de l'évidence la plus exacte ; leur déduction eſt conſéquente, & ſi ce tableau ſemble odieux, ce n'eſt pas que ſon coloris ſoit exagéré ; c'eſt que le Deſpotiſme eſt une maniere d'être effrayante & convulſive.

Il eſt le plus terrible fléau qui puiſſe affliger les hommes, car il ne ſauroit atteindre à ſa perfection, que par l'anéantiſſement de l'humanité qui doit lutter ſans ceſſe contre le malheur & les privations, tandis qu'elle recherche continuellement & avec ardeur le bonheur & les jouiſſances, c'eſt-à-dire la *liberté*. Un Empereur deſiroit que le peuple Romain n'eût qu'une ſeule tête, pour pouvoir la trancher d'un ſeul coup. C'étoit le vœu barbare d'un inſenſé ; mais il ne déſiroit que la perfection du Deſpotiſme.

C'eſt dans les Etats Deſpotiques, que, ſemblable à cet eſclave qui ne ſortoit jamais de la chambre d'un féroce Sophi, ſans *tâter sa tête avec ses deux mains pour voir si elle étoit encore sur ses épaules*, c'est dans les Etats Despotiques que l'homme consterné peut se demander sans cesse s'il lui reste un souffle de vie, un sentiment, une volonté, une ame : (heureux encore s'il étoit capable d'évaluer son avilissement !) (1) Mais c'est aussi sur ces théatres de la servitude qu'un tyran a toujours le poids effrayant de ses iniquités suspendu sur sa tête ; plus malheureux sans doute au sein des grandeurs, que l'infortuné Damoclès, palpitant sous le glaive ; puisqu'aux convulsions de la terreur le Despote réunit encore le supplice des remords, s'il en peut exister dans un cœur habitué à la tyrannie.

Un tel langage a droit d'étonner en France, où l'on s'efforce depuis plusieurs siécles d'introduire le Despotisme, où l'on a même employé successivement des menées sourdes mais efficaces, & enfin des moyens violens & authentiques à ce but détestable.

Le tems où les historiens écrivoient, peu d'années après un regne long & tyrannique qui dès-lors énerva la nation. „ Les Fran„ çois ont toujours eu liberté & licence de

---

(1) Lors des affranchissemens du XIVe. siecle, plusieurs Esclaves se refuserent à la liberté qui leur étoit offerte. (*Spicilegium*, *vol.* II. *p.* 387.)

* *Claude Seyssel*, *Evêque de Marseille*, *depuis Archevêque de Turin.* *Compar. de Louis XII. & Louis XI.* (*Voy. Philippe de Com. Tom.* II. *édit. Lond.* 1747.)

„ parler à leur volonté de toutes gens, & „ même de leurs Princes, non pas après leur „ mort tant seulement, mais encore en leur „ vivant & en leur présence. „ Ce tems est passé, les paroles sont des crimes ; la liberté de penser est presque refusée. Ainsi Tibere étendoit jusqu'aux discours offensans pour la tyrannie le crime de leze-Majesté, inconnu auparavant lui, ou qui ne comprenoit du moins que les délits contre la chose publique ; (1) ainsi les espions & les délateurs * que ce tyran appelloit *Les protecteurs des Loix*, (2) sont les armes les plus chéries des Despotes ; & l'inquisition civile est le symptome le plus assuré des progrès du Despotisme.

Il s'est trouvé parmi les neveux de ces François courageux qui osoient juger leurs maîtres & savoient les servir, des hommes dont la plume vénale a écrit contre la liberté.

Tout ce qui a précédé, tout ce qui va suivre, ne leur est pas destiné ; il faut ré-

---

(1) *Legem majestatis reduxerat cui nomen apud veteris idem, sed alia in judicium veniebant : si quis proditione exercitum, aut plebem seditionibus : denique malè gesta rep. majestatem populi romani minuisset. Facta arguebant ; dicta impuné erant.* (Tacit. annal. L. I.)

* *Custodes.*

(2) *Subverterent potiùs jura quàm* custodes *eorum amoverent.* (Tacit. annal. L. IV.)

Et Tacite fait ensuite cette réflexion belle & touchante: *Sic delatores genus hominum publico exitio repertum, & pœnis quidem nunquam satis coërcitum, per præmia eliciebantur.*

former les cœurs avant que de redresser les têtes. Eh! qui jamais a tenté de faire entendre le langage de l'honneur aux esclaves corrompus & vendus à la tyrannie. Ils débitent & prodiguent leurs détestables principes, d'autant plus hardis à conquérir & corrompre des prosélytes, qu'ils sont plus encouragés & plus soutenus par une cour, qui, dénuée de considération, de respect, & conséquemment de véritable & solide autorité, paie tout, gage tout, & achete les suffrages qu'elle ne sauroit mériter.

Ecoutez ses émissaires. Leurs bouches & leurs écrits retentissent des grands mots, *honneur*, *obéissance*, *fidélité*. Vils esclaves! qui souillent jusqu'aux vertus, en les dénaturant dans leur application & leur emploi, & dont on ne sauroit dire s'ils sont plus odieux ou plus ridicules, quand on les entend combattre la liberté & reclamer contre ses droits.

Mais ceux-ci sont le plus petit nombre; j'ose encore l'espérer. Peu d'hommes peuvent être très-bons; croyons que bien moins encore peuvent être très-méchans.

La plupart des citoyens, énervés pas l'influence du Gouvernement, aveuglés, soit par ignorance des faits, soit faute d'examen, soit faute de prévoyance & de sagacité, soit par la séduction des fauteurs du Despotisme, embrassent plutôt une opinion, qu'ils ne suivent des principes fixes & réfléchis.

C'est relativement au degré d'attachement que l'on doit aux Loix de sa patrie, aux efforts qu'on doit faire pour leur maintien & leur défense, qu'on se trompe le plus souvent, parce qu'on n'a point étudié ce devoir le plus important de tous. La plupart des hommes prostituent l'humanité par une obéissance passive ; d'autres aussi ne discernant pas les circonstances où elle est due au Gouvernement, de celles où elle ne l'est pas, où l'honneur même ordonne de la refuser, confondent, suivant leurs préjugés, leurs préventions, mais sur-tout suivant leur intérêt personnel, la servitude avec l'obéissance, & la fermeté avec la révolte. (1)

Nous arrivons tous dans la société avec les mêmes devoirs à-peu-près ; & la différence qui se trouve entre les divers citoyens, n'est que relative à la différence des moyens ; car en général les devoirs sont les mêmes pour le plus élevé comme pour le plus obscur.

Ils sont plus ou moins sacrés, en proportion de ce que le Gouvernement est plus ou moins équitable, c'est-à-dire, plus ou moins avantageux à la nation qu'il régit ; car (on ne sauroit trop le répéter,) la Nature n'a formé les sociétés que pour les besoins des hommes ; & l'on doit conclure de ce principe, cet autre théorème important, base de

---

(1) *Pauci prudentiâ, honesta ab deterioribus, utilia ab noxiis discernunt, plures aliorum eventis docentur*, dit Tacite dans ses annales.

On se trouve bien pauvre quand on médite de bonne foi Tacite.

l'économie politique, *que les devoirs sont & ne peuvent qu'être proportionnels aux droits.*

Le maintien de la société est donc le premier devoir du citoyen, parce que chaque homme se doit avant tout le soin de son bien être, & qu'il doit ensuite aide & secours à ses semblables.

Quelque soit la place où la Nature ait fait naître un citoyen, il doit toujours à la patrie, sans doute; mais plus il est élevé par sa naissance, par ses titres, ses droits, ses privileges, sa notabilité, ou, ce qui revient au même, par les bienfaits de la société, dont les avances portent un intérêt continuellement exigible, & plus il a l'obligation étroite de défendre son pays, sa constitution, au péril de ses biens, de sa vie, de sa liberté même; car les différences que la société a mises entre le peuple & les citoyens notables; les distinctions qu'elle a établies dans tous les grades de la hiérarchie, sont pour le bien de tous, & non pas pour l'avantage exclusif des Grands; & lorsqu'on profite des avantages d'un marché, on ne sauroit avec justice se soustraire aux conditions qu'il renferme, fussent-elles onéreuses.

„ L'honneur, dit Aristote, est un témoignage d'estime qu'on rend à ceux qui sont „ bienfaisans; & quoiqu'il fût juste de ne porter de l'honneur qu'à ces sortes de gens, „ on ne laissa pas d'honorer encore ceux qui „ sont en puissance de les imiter. „ Il suit de cette belle & judicieuse pensée, que toutrand inutile à ses compatriotes, est un vétable *banqueroutier*.

Posons donc comme un principe saint & ideltructible, qu'il est de devoir de lutter pour sa patrie. Juvenal parloit en philosohe; quand il a dit : *lorsque le vice regne*, *vie privée est la place d'honneur*; car l'oisiveté est la vraie philosophie sous le regne u Despotisme (1); mais il ne parloit pas en itoyen.

Celui qui résiste de tout son pouvoir à la estruction de la société dans laquelle il est é, n'a pas moins de mérite, que celui qui âche de prolonger les jours d'un pere caduc, de lui rendre, s'il le peut la santé; peuttre ne travaille-t-il pas moins en vain : peuttre même vient-il un tems où les remedes le la société sont inutiles, comme ceux de la nédecine dans des crises désespérées. Les *Annibal*, les *Aratus*, les *Bélisaire*, n'ont fait que suspendre le décret porté sur leur patrie; nais si l'on ne régenere pas une société qui périclite, on peut du moins en former une autre. On le peut même sans bouleversement. Le regne de la chevalerie, celui des grands vassaux, celui des favoris, celui des ministres, celui des financiers enfin, sont des révolutions absolues sous le même nom national.

---

(1) *Mox inter quæsturam ac tribunatum plebis annum quiete & otio transit*, dit Tacite en parlant d'Agricola; *gnarus sub Nerone temporum quibus inertia pro sapientia fuit.*

Ce n'est pas que l'esprit du citoyen ; l premier ressort des sociétés ne se détruis à leur décadence bien plus encore qu'il ne s dénature. Dans les momens de détresse, tou sentent le mal & murmurent ; mais pourquoi ? C'est qu'alors les papiers publics n'ont pas une marche assurée, & chacun tremble pour s fortune. Si dans ces tems orageux & critiques, l'on raisonnoit avec tous les particuliers, peut-être leur trouveroit-on des idées absolument contraires au retour vers le bien.

Car le Gouvernement une fois Despotique exclut & détruit les lumieres & la volonté même. Il n'y a plus de patriote, parce qu'il n'y a plus d'homme éclairé en grand, & qu'il n'y aura bientôt plus de patrie. On ne songe qu'à *soi*, chacun gémit, parce que le *soi* de chacun est attaqué ; alors la cause de chaque particulier devient la cause commune ; & le malheur général peut tout réunir.

C'est de cette crise même qu'il faut profiter ; c'est ainsi qu'à certaines époques l'on ne sauroit attendre le remede, que de l'excès du mal ; c'est ainsi qu'on peut espérer la régénération de la société au période le plus accéléré de sa décadence.

Si Guillaume le Conquérant eût été plus modéré : si ses successeurs n'eussent pas montré tour-à-tour tant de foiblesses & de manœuvres despotiques, (contraste presque inévitable dans le gouvernement féodal.) Si les Anglois eussent moins éprouvé toutes les anxiétés de l'autorité arbitraire, ils ne seroient pas devenus libres.

Sans les abus de la féodalité & les excès des Grands, la liberté n'auroit jamais peut-être été rendue à l'Europe. (1)

Il est trop heureux alors que tous les principes sont inconnus ou détruits, que *l'intérêt* aiguillonné puisse redonner quelque ensemble, & fournir encore des moyens au sein du cahos de l'anarchie. Celui qui connoît les hommes, tire parti même de leurs défauts.

J'entends répéter sans cesse, „ que *l'égoïsme* „ est le premier vice des peuples corrompus: „ que tout est perdu quand *l'égoïsme* domine: „ que *l'égoïsme* est le dernier degré de la corruption. „

Tout cela peut être fort philosophique, & vrai à beaucoup d'égards; mais avouons de bonne foi que cet *égoïsme*, objet de tant de satyres; & cependant si commun, fut toujours, & sera dans tous les tems le défaut le plus général de l'humanité; car les hommes à qui la Nature prescrit le sentiment & la né-

(1) Louis le Gros en France; long-tems après lui, Fréderic Barberousse en Allemagne, & les Rois d'Angleterre, n'établirent & ne soutinrent l'administration municipale que pour abaisser les Grands, & diminuer, par le contrepoids de cette institution, leur autorité exorbitante. L'établissement de l'administration municipale a été dans toute l'Europe l'époque du recouvrement de la liberté.

cessité de s'aimer avant tout, (1) penchent à s'aimer exclusivement.

Peut-être ce défaut est-il aussi le premier & le plus nécessaire de tous les ressorts que la Nature ait donnés à l'homme. L'amour-propre est au moral ce qu'est le sang au physique. L'un est aussi indispensable que l'autre à notre constitution. Cette passion crée & développe toutes nos facultés. Elle est dangereuse lorsqu'elle est exaltée ; mais le sang, sans la circulation duquel les animaux ne peuvent vivre un instant, ne cause-t-il pas des ravages affreux quand il s'enflamme ? Le sang est la source de la vie : que seroit l'homme sans l'amour-propre ? le plus médiocre, le plus borné, le plus foible & le plus inutile de tous les êtres.

Quoi qu'il en soit, nous sommes tous conduits par l'amour-propre, ou ce qui revient au même par *l'égoïsme*. Il surnage sur toutes les passions ; & son empire est éternel, tandis que celles-ci s'affoiblissent sans cesse.

Or il n'est pas possible de refaire l'humanité. Tout le talent consiste à en tirer parti :

---

(1) Un Auteur célebre a écrit : „ je préfere, disoit „ un Philosophe, ma famille à moi, ma patrie à ma famille, & le genre-humain à ma patrie. Telle est la „ devise de l'homme vertueux. „

Je dis que non ; car ce sentiment n'est pas dans le cœur humain ; & la vertu n'est pas contraire aux penchans de la Nature. Cette maxime a le coup-d'œil *du charlatanisme* ; mais comme on n'en sauroit soupçonner l'Auteur, on peut dire que l'enthousiasme l'a égaré.

nous devons être gouvernés par nos préjugés & nos passions. La science de l'éducation politique est de nous inspirer des préjugés qui tendent au bien général, & d'y diriger nos passions.

On ne devroit donc parler aux hommes, & sur-tout aux Princes, que de leur *intérêt*. Il est l'idole des Souverains. Tout dans leur ame avide s'y rapporte, aucun autre objet ne les affecte : *générosité*, *bienfaisance*, *justice*, ne sont pour eux que des mots ; encore sont-ils les moins connus de leur langue. Les mouvemens éphémeres d'une sensibilité produite par l'instinct, & non pas fondée sur des principes, sont étouffés & détruits par la moindre fantaisie, & l'on ne porte avec le diadême ni les remords dévorans, ni l'importune pitié. (1)

Si l'on disoit à un Souverain, *qu'il n'est élevé au-dessus des hommes que pour leur avantage*, ce seroit lui offrir une grande & respectable vérité ; mais assurément il ne la croiroit pas, (2) & cette moralité l'ennuieroit beau-

---

1 Racine l'a si bien dit :

Quand on est sur le trône, on a bien d'autres soins,
Et les remords sont ceux qui nous pesent le moins.

(2) Les premiers s'en sont cependant douté, & ils ont sagement fait. Faudroit-il citer des preuves d'une vérité si constante ? On retrouve dans l'Auteur des formules le modele de l'Edit par lequel les Rois de France indiquoient à la nation celui des leurs enfans qu'ils avoient désigné pour leur collegue. „ *Et nos unà* cum consensu

coup, si elle ne l'irritoit pas: „ apprenez à „ vos pupilles que la Nature n'a pas destiné „ l'Europe entiere à être le jouet de douze „ familles, " disoit le sénat de Suede aux gouverneurs de ses Princes. Il auroit payé bien cher l'audace d'avoir publié cette vérité, si le nouveau Gustave n'étoit pas un grand homme, & n'étoit pas arrivé tel sur le trône; car peu de Souverains savent encore, ou veulent entendre, que leur peuple n'est pas destiné de droit divin à leur servir de bêtes de somme ou de passe-tems.

Si l'on disoit à ce Souverain, *qu'il s'en faut de beaucoup qu'un grand Roi soit celui qui augmente le plus son autorité*, ce seroit une maxime très-

---

„ procerum nostrorum *in regno nostro illo filium nostrum regnare præcipimus, &c.* „ Les Rois croyoient alors sans doute que leurs sujets avoient droit de compter avec eux.

On voit dans le régistre des plus anciens Parlemens Anglois ces propres mots : „ Tout jugement appartient au „ Roi & aux Lords. „

Pourquoi, dit Robertson en parlant du changement des propriétés *allodiales* en propriétés *féodales*, *pourquoi un Roi se seroit-il dépouillé lui-même de ses domaines, si en les divisant & les partageant, il n'eût acquis par-là un droit à des services qu'il ne pouvoit exiger auparavant.*

„ L'état de la Royauté, disoit Elizabeth aux commu- „ nes, n'aveugle que les Princes qui ne connoissent pas „ les devoirs qu'impose la couronne ; j'ose penser qu'on „ ne me comptera point au nombre de ces Monarques. „ Je sais que *je ne tiens pas le sceptre pour mon avantage propre, & que je me dois toute entiere à la société qui a mis en moi sa confiance.* (M. Hume.)

Elizabeth étoit assez éclairée, assez grande, pour penser ainsi ; mais peu de Princes sont aussi grands qu'Elizabeth.

très - certaine, mais il ne la comprendroit pas; car elle tient à des principes qu'il faudroit d'abord mettre à sa portée. Comment donc l'instruire de ce qu'il lui est si important de savoir?

On a répété souvent *que les Princes devroient toujours avoir la postérité devant les yeux*: ne vaudroit-il pas mieux les fixer sur le mot moins sonore & plus puissant *intérêt*, ce mot si décevant pour l'humanité! Un homme de beaucoup d'esprit a dit: *quand l'intérêt veille dans notre cœur, il y annonce le sommeil de la Nature*; cette pensée est très-fausse, & n'a produit qu'une phrase brillante. L'intérêt est le premier *appétit* & le plus sûr mobile de la Nature. Traitons donc les Rois en hommes; replions leurs réflexions sur eux-mêmes, & tenons-leur avec hardiesse & simplicité à-peu-près ce langage.

„ SANS doute il faut étendre votre auto„ rité. La chose publique n'est que le pie„ destal de votre grandeur. Tous les pas que „ vous faites doivent concourir à votre agran„ dissement; mais en essayant d'augmenter „ votre *autorité*, craignez de diminuer votre „ *puissance*. Soyez juste & modéré pour vo„ tre intérêt; car on n'opprime pas les hom„ mes sans danger.

„ La nature est bornée dans ses largesses; „ elle les a réparties d'une main économe & „ équitable, c'est-à-dire, très-également „ à peu de chose près; & si nous calcu„ lions tous les avantages & les désavanta-

„ ges physiques & moraux de chaque indi-
„ vidu, nous trouverions une bien petite dif-
„ férence d'homme à homme. Au moins n'en
„ existe-t-il aucune dans la distribution des
„ droits relatifs à la *liberté*, ou ce qui re-
„ vient au même, relatifs *au respect qu'exi-
„ ge toute sorte de propriété.*

„ La Nature les a dispensés avec la plus
„ parfaite impartialité. Tout individu a des
„ droits, & contracte par cela même des de-
„ voirs dont l'exécution est le premier inté-
„ rêt, & du plus évident avantage pour cha-
„ cun de ces individus puisque ses droits y
„ tiennent inséparablement. *Droits & devoirs*,
„ voilà le balancier de l'humanité. Ceci n'est
„ point un étalage affecté de morale : c'est
„ la base du calcul de la société ; & chaque
„ homme trouvera la démonstration de ce prin-
„ cipe dans sa propre expérience, quand il
„ voudra l'y chercher.

„ Repoussez donc pour un instant les illu-
„ sions de l'orgueil ; sortez de l'ivresse du
„ pouvoir. Interrogez-vous dans le silence
„ des passions, & souvenez-vous que l'avi-
„ dité connoît & sert mal ses propres inté-
„ rêts.

„ Le peuple auquel vous commandez n'a
„ pu vous confier l'emploi de ses forces que
„ pour son utilité, ou ce qui revient au mê-
„ me, pour le maintien de la sûreté publi-
„ que, tant intérieure qu'extérieure, & pour
„ tous les avantages qu'il s'est promis, quand
„ il a institué une *autorité tutélaire*. Vous ne

„ lui avez pas arraché l'exercice de ses droits ; „ car il étoit le plus fort avant qu'il vous eût „ créé le Dépositaire de sa force (1). Il vous „ a rendu puissant, pour son plus grand „ bien. Il vous respecte, il vous obéit pour „ son plus grand bien. Parlons plus clai„ rement encore ; il vous paie & vous paie „ très-cher, parce qu'il espere que vous lui „ rapporterez plus que vous ne lui coûtez.

„ *Vous êtes, en un mot, son premier sala-„ rié*, & vous n'êtes que cela ; or il est de „ droit naturel de pouvoir renvoyer celui que „ nous payons, & qui nous sert mal, comme „ il est contraire à ce droit naturel, que cha„ cun ne soit pas libre d'examiner, de con„ noître ses propres intérêts, & que les droits „ des hommes puissent être arbitrairement „ diminués par ceux qui ont été chargés de „ les défendre.

„ *Souvenez-vous*, disoit LOUIS IX. en mou„ rant à son fils, *que la Royauté n'est qu'une „ charge publique, dont vous rendrez un compte*

(1) Le serment d'obéissance que les Aragonnois prê-toient à leur Souverain est vraiment sublime, en ce qu'il rappelloit à leur Roi cette vérité que nul autre n'a peut-être entendu. Le grand Justicier prononçoit à l'inauguration du Roi ces mots au nom des Etats : *Nos que valemos tanto como vos, y que podemos mas que vos, os agemos nuestro Rey y Senor con tal que guardeis nuestros fueros, si no, no :*

„ Nous qui sommes autant que vous, & qui pouvons „ plus que vous, nous vous faisons Roi & Seigneur, sous „ la condition que vous garderez nos Loix & nos privi„ leges ; si non, non. „

„ *rigoureux à celui qui, seul, dispose des sceptres & des couronnes,*

„ Un grand Roi * ne craignoit pas d'avouer „ dans une convocation des députés de sa nation, *que la regle la plus équitable est, que „ ce qui intéresse tous, soit connu de tous*; on „ pourroit dire : ce n'est pas *la plus équitable; c'est la seule équitable.* "

„ Ces vérités paroissent dures à qui les entend pour la premiere fois. Elles vous irritent, plus encore qu'elles ne vous étonnent & je devine votre réponse. *Que m'importe le droit*, m'allez-vous dire, *si le fait „ a décidé pour moi? Je suis le plus fort; & „ s'il est vrai que j'abuse de l'autorité qui me fut „ confiée, je puis & je saurai maintenir mon „ usurpation vis-à-vis de ceux qui se sont imprudemment dépouillés du pouvoir de me contenir.*

„ Telles sont les illusions dont se repaît „ l'insatiable cupidité, qui n'envisage que les „ moyens de se satisfaire, & s'étourdit aisément sur leur danger.

„ Pensez à ce mot si sage, qu'un insensé „ adressa un jour à un puissant Despote : *que „ ferois-tu, Philippe, si tous tes sujets s'avisoient de dire non, toutes les fois que tu dis „ oui?* (1)

---

*(1) *Edouard I. dans un Writ de convoc. XIIIe. siécle.*

(1) Le sage Plutarque dit : (*Traité de la mauvaise honte, chap. 7.*) *que les habitans d'Asie étoient les esclaves d'un seul, pour ne pas savoir prononcer cette syllabe* NON.

„ O Prince, à qui la Nature n'a pas donné „ plus d'organes & de facultés qu'à tout au- „ tre homme, votre peuple & vous ne te- „ nez l'un à l'autre que par le lien étroit de „ l'*utilité* qui vous unit tous. Si vous le rom- „ pez, vous compromettez votre existence, „ soit que la société vous arrache le pou- „ voir dans lequel elle ne trouve qu'*oppression* „ & *malheur*, au lieu de *protection* & *prospérité*; „ soit que vous réussissiez à énerver vos su- „ jets par la servitude, & à ruiner leur pays „ par les ravages du Despotisme, car votre „ puissance exagérée subira le sort de l'Etat, „ qui, épuisé d'hommes & de ressources, „ s'écroulera si-tôt qu'on entreprendra de le „ renverser, & qu'il ne sera défendu que par „ des Esclaves.

„ Vous êtes certainement le plus favorisé „ par la Loi. Si vous la foulez aux pieds, „ ce sera vous qui y perdrez le plus. Si vous „ avez enfreint une fois ces Loix embarras- „ santes, la crainte est la seule chose qui con- „ tiendra vos sujets. Si elle cesse un moment, „ vous êtes perdu par les secousses de la ré- „ volte; & vous êtes encore perdu avec tout „ l'Etat, si elle continue, par la lâcheté & „ l'impuissance de la servitude. Un grand „ homme habitué à observer les Despotes & „ les Esclaves, l'a dit, il y a long-tems; & „ cette éternelle vérité se vérifiera dans tous „ les pays & tous les âges: *la crainte est le* „ *plus foible lien qui puisse contenir les hommes*.

„ *car ceux qui commencent à craindre ont déja*
„ *commencé à haïr.* (1)

„ Si vous regardez les privileges des divers „ ordres de vos sujets comme des abus, vous „ êtes à la veille de voir regarder comme tels „ vos propres privileges ; car la représaille est „ le droit de la Nature.

„ *Les privileges sont des abus*, disoit un Mi- „ nistre de nos jours. Son ignorance seule „ le lavoit du crime *de leze-Majesté* ; car les „ Rois ne sont-ils pas tels, par un *privilege* „ attaché à leur famille & à leur personne ?

„ Ne calculons, si vous voulez, que les „ moyens les plus sûrs d'asseoir sur une base „ solide le pouvoir arbitraire, dont il est fort „ agréable de jouir, mais très-dangereux „ d'abuser ; vous verrez bientôt qu'il faudra „ le modérer, & que les caprices *des Domi-* „ *tiens* & des *Héliogabale* ne sont pas de bons „ moyens pour séduire les hommes & les „ fixer.

„ Aujourd'hui toutes les autorités sont rap- „ prochées plus ou moins du Despotisme. Com- „ ment se soutiennent-elles ? par les indi- „ vidus qu'elles y ont su intéresser, en leur „ en abandonnant une partie ; en sorte que, „ par exemple, la puissance d'un Roi absolu „ tient inséparablement à la considération de

---

(1) *Metus & terror est infirma vincula caritatis, quæ ubi removeris, qui timere desierint, odisse incipient.*

(Tacit. vit. Agricol.)

„ sa noblesse, à la fidélité de ses milices, à „ l'économie de ses Ministres, à l'aveuglement du peuple qui s'abusera très-aisément „ sur les motifs de vos manœuvres ; mais non „ pas sur vos véxations dont les suites sont „ trop ruineuses & trop visibles.

„ Les ombres & les nuances sont nécessaires pour faire ressortir les objets. Si vous „ les confondez, si vous renversez l'hiérarchie „ dont vous êtes le chef, si vous découvrez „ aux hommes leurs chaînes, si leurs yeux „ ne sont plus fascinés, si leurs bras ne peuvent plus suffire à votre cupidité, si vous „ gaspillez follement les richesses que leur arrache votre insatiable tyrannie, que gagneroient-ils à ramper encore ? Ils se souviendront qu'ils sont les plus nombreux & les „ plus forts ; que vous n'avez de puissance „ que celle qu'ils vous abandonnent ou vous „ procurent.

„ Ils se souviendront que les hommes qui „ vont tous se perdre dans le cercueil des „ tems, que les hommes *égaux en droits*, „ *égaux en devoirs*, qui ne sont distans les „ uns des autres que par le dégré *d'utilité* „ dont ils sont à leurs semblables, réclament „ au même titre la liberté, & ont tous un „ égal droit à la défendre lorsqu'elle est attaquée.

„ Ils se souviendront, que l'on dit *maître* „ un tel, *Monsieur* un tel, *Monseigneur*, votre *Altesse*, votre *Majesté* même ; que derriere tout cela *il n'y a qu'un homme* ; mais

„ aussi que derriere tout cela, *il y a un* „ *homme* :

„ Que l'intérêt de la liberté publique réside „ également dans chaque membre de la so- „ ciété établie pour la sûreté & l'avantage de „ tous ceux qui la composent ;

„ Et que *les lettres de cachet*, par exemple, „ ce chef-d'œuvre moderne d'une ingénieuse „ tyrannie (1), sont plus dangereuses pour „ les hommes, que l'infernale invention *de* „ *Busiris*, en ce qu'elles réunissent à l'illéga- „ lité la plus odieuse un imposant appareil de „ justice, tandis que ce supplice n'étoit du „ moins que l'acte de phrénésie d'un mon- „ stre insensé tel que la Nature n'en vomit „ pas deux en plusieurs siecles.

„ Ils ne se laisseront plus abuser par le grand „ & mystérieux mot *de secret d'Etat* ; ils pen-

---

(1) Tacite nous apprend (*mœurs des Germains, chap. 7.*) *que chez les Germains, le Magistrat lui-même n'avoit pas le droit d'emprisonner un homme libre, ni de lui infliger aucune peine.*

On trouve dans les Ordonnances des Rois des France, (*tom. I. p. 72. 80.*) *que personne ne pouvoit être arrêté ni mis en prison pour aucune dette particuliere, & même* (ibid. vol. 3. p. 27.) *qu'il étoit permis d'arracher des mains des officiers un prisonnier arrêté, sous quelque prétexte que ce fût, à moins d'un crime capital.*

Quand Bouchard de Montmorenci rejetta constamment le jugement de Philippe I. qui le condamnoit en faveur de l'Abbé de St. *Denis*, on lui permit de se retirer, mais on ne l'emprisonna point ; attentat au droit naturel, violation de la liberté alors inconnue aux François, comme le dit expressément l'Abbé Suger : *non tentus, mos neque enim Francorum est, sed recedens.*

„ feront que celui qui tendroit à faire, des
„ intérêts des peuples, & de ceux des Sou-
„ verains, deux objets distincts & séparés,
„ feroit un art aussi criminel qu'insensé ; ils
„ penseront que le *véritable secret d'Etat* con-
„ siste uniquement à rendre les hommes heu-
„ reux, & par conséquent à les laisser &
„ maintenir paisibles possesseurs *de leurs tra-*
„ *vaux* & de leur *liberté*.

„ Que nul homme n'a droit d'assigner les
„ circonstances où l'on peut permettre de vio-
„ ler la *propriété*, cette base unique de toute
„ société, à moins d'un délit social, qui rend
„ le malfaiteur indigne d'être citoyen.

„ Que celui qui fut chargé de maintenir ce
„ droit de *propriété*, ou plutôt qui ne fut créé
„ que dans cet objet, abuse indignement de
„ la confiance des citoyens & devient l'en-
„ nemi public, lorsqu'il y attente.

„ *Ils penseront*, * *qu'ils ne se donnerent un*
„ *Prince que pour se préserver d'avoir un maî-*
„ *tre*, c'est-à-dire *un tyran violateur des droits*
„ *naturels* antérieurs à toute société, & con-
„ séquemment à toute autorité.

„ Ils penseront qu'il n'est point de propriété
„ plus chere & plus sacrée que celle de no-
„ tre liberté personnelle, & sur-tout que
„ c'est être étrangement aveuglé sur ses inté-
„ rêts & ses droits que de consentir à la per-
„ dre à la vue d'un papier illégal, quand on

Ce mot est de Pline à Trajan.

„ peut enchaîner la main qui l'a ſigné, & qui „ le livre aveuglément aux fantaiſies des maîtreſſes, & aux vengeances des Miniſtres & „ des Commis.

„ Enviſagez tout cela, Prince, avant que „ de prendre le parti dangereux d'opprimer „ les hommes ſous le faix du Deſpotiſme ; „ réfléchiſſez que dans les pays où le Peuple „ ſera *ſerf*, où par conſéquent il ſera déſintéreſſé de la choſe publique, & ne ſera pas „ maître de ſurveiller à ſes intérêts, de calculer les avantages qu'il retire de l'adminiſtration, de repréſenter ſes droits, de „ prévenir les atteintes qui peuvent y être „ portées, de travailler & de jouir en paix, „ de ſavoir ce qu'il doit & pourquoi il le „ doit, de ne payer que les rétributions néceſſaires à l'entretien & aux fonctions de „ l'autorité tutélaire à laquelle il s'eſt ſoumis pour ſon plus grand bien ; réfléchiſſez „ que dans un tel pays il n'y aura ni forces, „ ni richeſſes, ni enſemble, ni conſiſtance, „ ni induſtrie ; qu'une telle conſtitution ne „ ſauroit être appellée *ſociété* ; qu'elle eſt *contre nature* & par conſéquent inſtable & orageuſe ; qu'il n'eſt ni ſol, ni climat, ni reſſources naturelles, qui puiſſent réſiſter aux „ terribles influences d'un pareil brigandage ; „ qu'un tel Royaume ſera pauvre, obéré, inculte, dépeuplé, envahi par le premier qui „ oſera profiter de cette criſe funeſte : ou plutôt penſez que ſi un ſeul homme réveille „ d'autres hommes de l'aſſoupiſſement de l'eſ-

„ clavage vous ſerez dès ce moment le plus foi-
„ ble comme le plus déteſté de tous les êtres mal-
„ faiſans, & vous deviendrez la victime publique
„ comme vous étiez le veritable ennemi national.

„ En un mot, ſoyez juſte, non pas parce
„ que cela eſt *honnête*, mais parce que cela eſt
„ néceſſaire, & n'oubliez jamais qu'un Prince
„ qui ramene à lui toute l'autorité, la perd
„ toute. " (1)

Un tel diſcours n'eſt pas d'une morale délicate & recherchée ſans doute; mais il eſt de bon ſens, & ſes pincipes ſont également conformes au reſpect dû aux droits des hommes & aux véritables intérêts des Princes.

On peut le réſumer en rapportant ce mot célebre de Séneque, devenu l'épigraphe de la tyrannie : *timet timentes* *. Tel eſt l'Arrèt irrévocable des Deſpotes, *l'autorité crainte de tous, craint tout.* Et Thalès diſoit à mon avis une grande vérité, quand il citoit un vieux tyran pour la *choſe la plus extraordinaire qu'il eût vue dans ſes voyages.*

C'eſt avancer une nouveauté bien hardie, ſans doute, que de dire aux Souverains; *vous*

(1) C'étoit la maxime d'un habile tyran. Tibere diſoit au Sénat : *les Princes ont aſſez d'occupations : ils ont aſſez de pouvoir : on le diminue alors qu'on veut trop l'augmenter. Satis onerum Principibus, ſatis etiam potentiæ, minuit jura quoties gliſcat poteſtas.*

(Tacit. annal. lib. III.)

Ea demum nita eſt potentia quæ viribus ſuis modum imponit, dit Salluſte.

* *Hercule Furieux.*

êtes les salariés de vos sujets, & vous devez subir les conditions auxquelles vous est accordé ce salaire, sous peine de le perdre.

Examinons si ce principe est hazardé, car son énonciation est très-nouvelle; & si d'autres François l'ont pensé avant moi, je suis peut-être le premier qui ait osé l'écrire. Les hommes alors même qu'ils sentent la vérité & qu'ils veulent lui rendre hommage, l'alterent encore & se laissent aller à des ménagemens de convention, fruits des préjugés admis & fomentés dans la société. Le *singe de la raison*, diroit Bolinbrogke, *usurpe son siege & exerce son pouvoir*. Il seroit tems de secouer cet esclavage de l'esprit, & de voir si la liberté courageuse de penser tout haut, ne sauroit introduire tôt ou tard celle d'agir.

On a comparé souvent la souveraineté à l'autorité *paternelle*. C'est une belle idée sans doute que celle d'une telle harmonie sociale : le premier qui la conçut étoit un homme vertueux, doué d'un beau génie; mais je le répete, hélas! & l'expérience de tous les âges répete avec moi, que la véritable générosité est la vertu la plus rare chez les hommes, & sur-tout chez les Rois, qui sont les moins éclairés des hommes. Remontons donc aux véritables principes, ou plutôt à la véritable origine de la Royauté, & abandonnons, quoiqu'à regret, la sublime & douce chimere des *souverains Peres de leurs sujets*; car si la Nature bienfaisante accorde quelquefois aux nations un Henri IV, elle se repose de cet efſort pendant bien des ſiecles, par une longue ſtérilité.

L'homme veut être heureux : il veut jouir ; il finit toujours par vouloir jouir avec tranquillité : car les jouiſſances tumultueuſes ou troublées ne ſont pas des jouiſſances.

On ne jouit guere que par le travail ; car la terre que nous habitons eſt une bonne mere ; mais elle veut être ſollicitée. (1)

L'idée d'une propriété acquiſe (2) par le travail, eſt une des premieres notions que nous donne la Nature ; cette idée ſe perfectionne dans ſes analogies quand *on la médite*, mais indépendamment de toute réflexion.

L'inſtinct nous dit : que *la récolte que nous avons ſemée eſt à nous ; que quiconque veut nous en priver eſt méchant, injuſte, & notre ennemi ; que nous pouvons & que nous devons même re-*

---

(1) Varron a dit ; *Dii laboribus omnia vendunt : facientes Deus adjuvat*, & on le répétera long-tems après lui, avant de le dire mieux.

(2) J'ai cru pouvoir me diſpenſer de diſtinguer ici trois eſpéces de *propriétés*, (la *perſonnelle*, la *mobiliaire*, & la *fonciere*) comme l'ont fait les Ecrivains économiſtes, ſans doute avec raiſon ; car il falloit établir & détailler avec méthode des vérités trop long-tems négligées, pour en déduire les conſéquences qui forment le véritable ſyſtême de l'économie politique ; mais il n'eſt queſtion ici que du reſpect inviolable dû aux *propriétés*, & des conditions ſous leſquelles on a pu les mettre ſous la ſauve-garde d'un ſeul ou de pluſieurs. Or l'idée de *propriété* ſuffit à cet objet ; vous l'étendrez & la ſubdiviſerez autant que vous voudrez ; toujours ſera-t-il que toute ſorte de propriété réclame évidemment les *mêmes droits*.

pousser, réprimer, & mettre dans l'impossibilité de nous nuire, par tous les moyens qui sont en notre pouvoir.

L'instinct, dis-je, nous enseigne tout cela, avant que des combinaisons sociales nous aient appris & démontré par exemple, que qui attaque une propriété, par cela même les attaque toutes.

Le Caraïbe défend, & a droit de défendre l'animal qu'il a pris à la course ou dans les lacs, comme l'homme social défend & a droit de défendre le champ qu'il a semé.

Quelle est la différence qui se trouve entr'eux? Le Caraïbe n'a que ses deux bras pour protecteurs du fruit de ses travaux; l'homme social réunit les siens à ceux d'autres hommes associés, pour l'aider à cultiver, à semer, à recueillir, à défendre, façonner, échanger ses propriétés.

Mais les hommes se trouvant trop partagés entre les soins de cultivation & de défense, ont mis toutes leurs propriétés sous la sauvegarde d'un seul ou de plusieurs, revêtus de ce que nous appellons l'autorité *tutélaire*; c'est-à-dire, du pouvoir d'exercer la police, pour qu'on puisse semer & recueillir en paix; de sonner l'alarme dans la communauté, lorsque l'ennemi du dehors la menace; de réunir, en un mot, les forces *de tous*, pour tel ou tel autre avantage qui doit en résulter *pour tous*.

Il suit de-là, que le respect de la propriété est la base comme l'objet de toute société & de toute législation; de celle même qui, par ses défauts ou les efforts contraires des passions humaines mal contenues, sembleroit la respecter moins.

Un des plus méprisables, mais cependant des plus accrédités prôneurs du pouvoir arbitraire, l'ignorant & empoulé Monsieur *Linguet*, n'a pas pu s'empêcher d'en convenir *dans la théorie des Loix civiles*; & cet aveu, pour le dire en passant, ne laisse pas que de l'entraîner dans des contradictions passablement ridicules.

Dans le Gouvernement féodal, dont le principal vice, & peut-être le seul, (1) étoit de ne point protéger le droit de propriété de la classe nourriciere, la plus nombreuse & la plus utile portion de l'humanité; dans ce Gouvernement, qui n'étoit guere qu'une association des plus forts contre les plus foibles, association mal dirigée, même dans cet objet, puisque le défaut de police & d'harmonie concouroit toujours à faire prévaloir quelque tyran au sein de cette anarchie; dans une telle constitution, dis-je, vous trouverez des idées de distinction de *propriété*.

Qu'on n'objecte pas que les incursions des Germains législateurs féodaux, si l'on peut s'exprimer ainsi, ne furent guere occasionnées que par l'amour du pillage & l'émulation de la gloire militaire, & que l'idée *de propriété* n'entroit pour rien dans ces associations.

(1) Il est vrai que ce seul défaut doit entraîner la dissolution de la société.

De tels hommes réfléchissoient peu sans doute sur l'art de perfectionner les institutions politiques ; mais le pillage emporte lui-même l'idée de *propriété*, car aucun dévastateur ne voudroit se voir enlever le fruit de ses spoliations ; & d'ailleurs les Germains * ne se partagerent pas plutôt les possessions conquises, que l'idée de *propriété* se mêla naturellement à celle de *travail*, & l'idée de *défense* & de *respect* à celle *de propriété* ; & voilà pourquoi le don des *fiefs*, d'abord précaire & momentané, s'étendit à la vie du *donataire* : il devint même *héréditaire* dans le perfectionnement de la Loi féodale.

Ces premiers points posés, il est aisé de sentir que les rétributions que la société départit à celui qu'elle a revêtu de l'autorité tutélaire, ont deux objets ; le premier renferme *tous ceux d'utilité publique* ; le second renferme *le salaire dû à cet Officier public*, qui ne perdra pas son tems à veiller sur les propriétés des autres, sans qu'on le dédommage de ces fonctions pénibles & continuelles, & qui d'ailleurs est obligé de gager à son tour des coopérateurs.

Il suit donc de tout ceci, que le Monarque n'est autre chose que le *salarié* de *l'Etat*, sous toutes les conditions qu'emporte ce mot & cette fonction de *salarié* ; car la société ne le

---

* *Les Normands, les Danois, & tous les conquérans septentrionaux.*

le paie pas, cet Officier public, pour lui épargner de la peine, mais afin qu'il prenne celle de défendre la masse des richesses publiques, & parconséquent chaque propriété particuliere.

L'un des plus respectables Rois qui ait jamais occupé le Trône, Henri IV, disoit : *en quoi suis-je différent du reste de mes sujets, sinon en ce que j'ai la force de la justice à ma disposition?* C'étoit une de ces vérités de sentiment qu'il retrouvoit dans son ame, assez grande pour la publier; s'il eût réfléchi davantage, & qu'on eût eu le courage ou l'instruction nécessaire pour lui faire suivre & approfondir cette idée, il auroit compris *que cette force de la justice* ne résidoit en lui, que parce qu'elle lui avoit été confiée ou transmise; il auroit desiré qu'on l'apprît à ses enfans, pour les préserver des amorces trompeuses du pouvoir arbitraire.

Remontez à l'origine des choses, & vous verrez toutes les autorités dériver des principes que je viens d'exposer. Dans le gouvernement féodal, généralement introduit par les conquérans septentrionaux, qui fut si long-tems la législation commune à presque toute l'Europe, & dont les débris subsistent encore dans les deux tiers de notre hémisphére; dans le gouvernement féodal, la couronne n'étoit certainement regardée que comme un office militaire, & non comme une propriété; cette vérité est incontestable. Aucun pays en Europe, (1) quelqu'anar-

(1) Je ne prétends pas étaler dans les notes déja nom-

chie qui s'y fût introduite, quelques despotiques & farouches conquérans qui y eussent fait des invasions, n'étoit administré dans des tems d'ignorance & de barbarie, que par un gouvernement légal & limité; parce que l'Europe presque entiere étoit couverte des nations septentrionales, ou du moins mêlangée des restes de leurs nombreuses irruptions, & que les législations septentrionales les plus anciennes, celles même dont il ne nous reste que les traces les plus confuses, paroissent avoir toujours été les plus diamétralement opposées à l'autorité arbitraire. Il appartenoit à des siecles plus civiles & plus instruits, mais marqués du sceau *du despotisme*, sous lequel les hommes vils & rampans ont altéré, oublié ou perdu les notions les plus simples & les plus naturelles de la *liberté*; il appartenoit, dis-je, à ces siecles, d'admettre & défendre *le principe monstrueux de l'obéissance passive à la volonté d'un seul.*

Que conclure enfin de cette chaîne de théorêmes évidens, *si ce n'est que le peuple* SALARIE *le souverain?*

Or, celui qui paye a droit de renvoyer celui qui est payé, si le premier ne retire pas les avantages qu'il espéroit de la rétribution volontaire accordée au second; bien entendu que le *salarié*, institué pour protéger les loix & veiller sur leur

---

breuses dans le cours de cet ouvrage, une érudition affectée; mais si c'étoit ici le lieu de cette discussion, j'établirois cette assertion par des preuves incontestables.

exécution, doit être à son tour protégé par elles ; car la licence & les factions causent à la société presque autant de maux que la tyrannie.

Il suit sur-tout de tout ce qui a précédé, que celui qui, créé pour défendre les propriétés, usurpe sans cesse sur elles, commet le forfait le plus dangereux pour les hommes, dont la confiance est trahie, & par conséquent le plus odieux & le plus punissable.

La nation finit toujours par être plus puissante que le tyran, lorsque le pouvoir arbitraire, parvenu à son dernier délire, a dissout tous les liens de l'opinion, & épuisé les ressources que la terre offre à ceux qui la cultivent en liberté ; ainsi les hommes se vengent tôt ou tard : il valoit donc mieux les servir & leur être utile, que les dépouiller & les vexer.

Voilà ce que les Rois ne comprennent pas, parce qu'ils ont une maniere de sentir & de penser différente des autres hommes, & cela doit être vu leur éducation stupide (1) & pres-

(1) C'est sur-tout dans l'Asie, véritable partie du despotisme, que l'on trouve des exemples de cette stupidité.

Le Sophi Scha-Hussein fit plusieurs actes de dévotion, & beaucoup d'aumônes pour avoir tué d'un coup de fusil un canard, auquel il ne vouloit que faire peur. Le feu prit un jour à la grande salle de son palais, il ne vouloit jamais permettre qu'on l'éteignît, *de peur* disoit-il, *de s'opposer aux décrets de la providence* ; c'étoit sans doute aussi pour ne pas contrarier la forte concupiscence que l'Etre suprême avoit mise en lui, qu'il dépleuploit la Perse de ses plus belles femmes pour remplir son serrail ; le même Sophi répondoit à ceux qui lui disoient que les ennemis approchoient d'*Ispahan ; c'est aux Ministres d'y pourvoir, ils ont des armées sur pied pour cela.* Pour

que féroce ; la nation qui devroit sans doute présider à cette éducation, parce qu'elle y est la plus intéressée, non-seulement ne dirige pas le choix des instituteurs de ses princes, mais encore les voit presque toujours tirés de la classe des courtisans, objet de son mépris, si ce n'est de son effroi. Quelle espérance doit-elle concevoir d'un éleve confié à de telles mains ?

Platon & *Socrate* n'eussent peut-être été que des Sultans, s'ils eussent traîné comme eux leur vie dans la triste obscurité d'un sérail, où l'on ne rencontre que des esclaves, & d'où l'on ne retire qu'une fastueuse ignorance, l'affaissement de tous les organes & la satiété de tous les plaisirs.

On convient assez communément du besoin d'apprentissage pour tous les métiers : celui de gouverner ses semblables est le seul pour lequel tout homme se croit des talens.

„ Le plus âpre & difficile métier du monde, „ à mon gré, dit Montaigne, c'est faire dignement le Roi. „ Sans doute, mais il en est de ce métier comme de tant d'autres ; il est fort aisé de le faire mal, & c'est ainsi qu'il arrive presque toujours.

---

moi je serai content, pourvu qu'on me laisse mon palais de Farabath.

C'est ainsi qu'un Prince de nos jours croyoit son trône en sûreté, & son Royaume parfaitement administré, quand il avoit cent millions dans son cabinet, sous sa propre garde.

Si vous voulez savoir ce qu'est l'éducation des Princes despotiques, lisez le *canon du Sultan Soliman II, présenté à Sultan Mourad IV, pour son instruction*, imprimé chez Thibaut à Paris, 1725.

Dans le despotisme, les Princes doivent être, par les leçons qu'ils reçoivent, fort au-dessous de l'humanité. Il faut cependant que tous leur soient soumis : de quelle espece doivent être les hommes dans ce Gouvernement ? Mr. de Montesquieu prétend que la botte que Charles XII menaça le Sénat de Stokolm de lui envoyer pour le gouverner, auroit aussi bien administré qu'un Despote. J'en suis persuadé; je crois même qu'un Prince qui, succédant à quelques Rois despotiques, auroit assez de tête & de cœur pour connoître le vice de ce fléau terrible, décoré du mot *gouvernement*, ne trouveroit parmi ses sujets que des automates pour l'aider dans l'administration.

Quelle crise effrayante qu'un regne oppresseur, s'il avilit & dénature ainsi l'humanité! Et les Princes arbitraires veulent être respectés! C'est à leur approche qu'on peut s'écrier avec *Eschille* : „ La Majesté du trône a disparu : ce „ respect, qui rendoit inviolable la personne de „ nos Rois ; tous ces sentimens se sont évanouis: un morne effroi les remplace. „ *

Les Rois qu'on n'occupe jamais que d'eux & de leurs plaisirs, connoissent peu de rapports ; ils ont conséquemment peu d'idées. Les Historiens & les Poëtes sont pour eux des corrupteurs dangereux, car les Princes n'ont pas les connoissances nécessaires pour se préserver & se méfier des insidieuses adulations & des lâches

---

* *Coëphores*.

réticences dont tant d'Ecrivains mercenaires infectent & souillent leurs écrits. Quel Esclave ose détromper son maître ? On a dit depuis longtems, *que celui qui commande à trente légions est le plus savant homme de l'Univers.* (1)

Peu de Citoyens ont le courage d'élever la voix en faveur de la vérité ; nous trahissons presque tous la cause de la patrie, ou plutôt celle de l'homme, par une crainte servile, ou par une pusillanime complaisance. Il n'est pas *du bon ton* de *disputer* ni *de contrarier* ; il est bien plus conforme à l'*honnêteté* d'être servile & rampant, car c'est assurément la mode. Ainsi les opinions les moins réfléchies, & souvent les plus nuisibles, sont facilement accréditées chez les hommes ; on n'ose point les détruire ; il n'est pas même permis de les combattre : ainsi les préjugés & les erreurs s'enracinent : ainsi nous gémissons oppressés par la tyrannie, & nous courons au devant d'elle par nos adulations, notre admiration même ; ainsi nous oublions volontiers nos malheurs, & nous les pardonnons à ceux qui nous savent étonner par l'habileté de leurs manœuvres & l'audace de leurs forfaits : *rien n'entraîne le culte des hommes comme l'illusion*, dit un auteur célebre *, en effet, nous sommes presque tous des enfans, car l'éclat nous frappe toujours plus que tout le reste.

---

(1) Ce mot est de Favorin, fameux grammairien, qui fit cette réponse apologétique à ses amis, qui lui reprochoient d'avoir cédé à l'Empereur Adrien, dans une dispute où il avoit raison.

* *L'Ami des hommes.*

Démétrius de *Phalere* disoit à Ptolomée, *que l'histoire est le véritable précepteur des Princes ; parce qu'ils y trouvent d'utiles leçons, que ceux qui les approchent n'oseroient pas leur faire.* Mais il vouloit parler, sans doute, de l'histoire écrite par des Philosophes, au milieu d'une nation libre ; l'on ne remontrera pas de nos jours, & presque en aucun tems, un pareil exemple.

L'histoire est une longue & monotone compilation des malheurs de l'homme, & trop souvent le panégyrique des malfaiteurs publics ; car on peut ordinairement appeller ainsi les *Héros* ; & la plupart des hommes lisent ces recueils de faits comme des contes *de Fée*, où les Géans & les combats piquent & réveillent la curiosité.

En un mot, il nous faut du bruit & de la terreur (1), & ce n'est pas le moyen le moins sûr d'en imposer aux hommes énervés par les institutions politiques, que de les mépriser & de les braver.

On peut remarquer que le plus souvent, dans l'histoire, la célébrité est en raison inverse de l'utilité ; c'est ainsi que les hommes jugent au premier coup-d'œil, & ils attendent rarement le second. Les extrêmités se rapprochent. Un

---

(1) Pétrone a dit : *primus in orbe Deos fecit timor.* Cela n'est pas vrai ; mais il est vrai que les Dieux n'ont jamais été adorés sans être craints, ou plutôt qu'on les a craints au moment où l'on a deviné leur existence. Ce sentiment est l'ouvrage des Prêtres, sans doute ; mais ils ont bien jugé les hommes qu'ils avoient à subjuguer, quand ils ont fait de la terreur la base de leur autorité.

homme très-ſage, quoique pourvu d'un grand génie, ne fait ſouvent pas plus de bruit dans le monde qu'un ſtupide; on apprécie les Princes & les miniſtres par la difficulté apparente de ce qu'ils ont fait; il ſuffit qu'une choſe porte l'empreinte de l'extraordinaire pour être louée. Que la nature dans ſa colere nous donne un ſecond Richelieu, nous l'admirerons encore pour prix des nouvelles chaînes ſous leſquelles il finira de nous écraſer.

Oh combien nous ſommes imprudens! combien l'expérience des autres eſt un tréſor perdu pour nous! Si l'ambition & les ſuccès des conquérans, ſi la puiſſance abſolue des Deſpotes peuvent inſpirer de belles odes, l'oubli de ce qu'on doit aux hommes a fait des bêtes féroces, de Princes qui euſſent été eſtimables par leur valeur & leur talens militaires; eh! qu'eſt-ce que le génie le plus beau & le plus vaſte, s'il ne reſpecte pas les droits de l'humanité! L'animal infortuné que déchire un féroce léopard, admire-t-il la bigarrure de ſa peau, & la variété de ſes ruſes? Celui qui inventa la herſe fut plus précieux au monde que celui qui rendoit des ſceptres à Porus.

Pourquoi vanter la gloire des conquérans? eſt-ce pour exciter leur émulation, ou pour en augmenter le nombre.

Renvoyons *les conteurs* éloquens de révolutions & de batailles à un ſage des rives du Gange, dont il eſt bon de rapporter ici le ſyſtême philoſophique ſur *la gloire & les héros.*

Les enfans de *Tamerlan* furent dépouillés de

ſes conquètes bientôt après ſa mort. (1) *Babar*, ſon ſixieme deſcendant, avoit été chaſſé de Samarcande par les Tartares. Ce jeune Prince ſe réfugia dans le Cabuliſtan, dont le Gouverneur *Ranguildas* l'accueillit avec affection. Cet homme habile, intéreſſé par les malheurs du jeune Prince, lui conſeille la conquète de l'Indoſtan, dirige cette entrepriſe, & la fait réuſſir. Babar, conquérant & maitre abſolu, fut bientôt Deſpote; Ranguildas faiſoit un jour la priere dans le Temple, il entendit un Banian qui s'écrioit:

„ O Dieu! Tu vois les malheurs de mes freres, nous ſommes la proie d'un jeune homme qui nous regarde comme un bien qu'il peut diſſiper & conſumer à ſon gré. Parmi les nombreux enfans qui t'implorent dans ces vaſtes contrées, un ſeul les opprime tous. Venge-nous du tyran, venge-nous des traitres qui l'ont porté ſur le trône ſans examiner s'il étoit juſte.

Ranguildas s'approche du Banian & lui dit: „ O toi qui maudis ma vieilleſſe, écoute ſi je ſuis coupable: c'eſt ma conſcience qui m'a trompé. Lorſque j'ai rendu l'héritage au fils de mon Souverain, lorſque j'ai expoſé ma fortune & ma vie pour établir ſon pouvoir; Dieu m'eſt témoin que j'ai cru me conformer à ſes ſages decrets, & qu'au moment où j'ai entendu ta priere, je beniſſois encore le Ciel

(1) Cette anecdote eſt tirée de l'hiſtoire politique & philoſophique du commerce de deux Indes.

„ de m'avoir accordé dans mes derniers jours „ les deux plus grands biens, le *repos* & la *gloire*.

„ *La gloire*, dit le Banian : apprenez, Ranguildas, qu'elle *n'appartient qu'à la vertu*, & *non* „ *à des actions qui sont éclatantes sans être utiles* „ *aux hommes*; eh ! quel bien avez-vous fait „ à l'Indostan, quand vous avez couronné „ l'enfant d'un usurpateur; aviez-vous examiné s'il seroit le bien ? s'il auroit le courage & „ la volonté d'être juste, les lumieres qui font „ discerner la vérité à travers les préjugés, les „ passions & les courisans, vous lui avez, dites-„ vous, rendu l'héritage de ses peres; *comme si* „ *les hommes pouvoient être légués & possédes à la* „ *façon des terres & des troupeaux*. Ne prétendez „ pas à la gloire, Ranguildas; ce seroit vouloir „ que de foibles agneaux bénissent les mains „ avares qui les livrent à des bouchers impitoyables; que si vous voulez de la reconnoissance, allez la chercher dans le cœur de Babar; il vous la doit : vous l'avez achetée assez „ cher pour le bonheur de tout un peuple. „

Je ne sais si ce fait historique est vrai : mais s'il ne l'est pas, celui qui l'inventa le premier, a des droits sur la reconnoissance de tous les hommes; les apologues les plus célebres de l'antiquité n'offrent pas une morale aussi belle, aussi utile, & c'est un ouvrage vraiment noble que celui de mettre en action de pareilles maximes.

O Princes, le mot *charge* emporte avec lui l'idée d'un *devoir*, plutôt que d'un *honneur*, *une grande charge* est donc *un grand devoir*. Songez que vous n'êtes que des hommes. L'heure qui fuit d'un pas rapide pour vous comme pour tous les humains; les maux qui vous assiegent; les besoins qui vous enchaînent comme le dernier de vos sujets, vous le rappellent à chaque instant... j'en rappelle à vous :... seroit-il donc vrai que l'homme est né pour être persécuté? Si la nature ne le destina pas aux vexations & à l'esclavage, quel être monstrueux qu'un intolérant, un tyran, un Despote! Nous ne faisons que passer ici-bas; un cœur honnête ne se persuadera jamais que notre personnalité soit l'unique objet de ce passage, & tant que la Nature nous accorde de la durée, elle a sans doute une autre désignation. (1)

Les Princes ont de grands moyens d'être mauvais, mais ils en ont aussi d'être bons; puisque l'histoire traite presque toujours de leurs semblables. Or c'est pour la conduite que l'expérience est réellement la boussole de l'humanité; & le bon sens doit tirer des faits les résultats & les principes que l'historien n'ose pas écrire.

Un établissement vraiment utile, & digne d'être admis dans un pays libre où l'on trouve en-

---

(1) „ La fourmi glorifie la main qui l'a faite; mais ce n'est „ point par des *auto-da-fés*; c'est en se bâtissant des demeu- „ res, en remplissant ses magasins de récoltes ramassées de „ toute part avec un travail infatigable, en procréant des „ fourmis qui vont à leur tour fonder de nouvelles colo- „ nies; ô homme qui que tu sois, ta patrie est ta fourmiliere; „ imite la fourmi : si tu y es de trop, va chercher un autre „ terrein, où il y ait de la place pour toi & les tiens; si tu „ y rencontres de tes semblables ne les massacre pas; ne les „ fais point servir à ta mollesse, à ton avidité, à ton ambi- „ tion; mais sois leur triptoleme; & ne leur amene pas des „ moines."

(*Fragment de l'allemand de M. Muller.*)

core des hommes, feroit un tribunal d'hiftoire; (1) qui, dégageant chaque fait des illufions dont les hiftoriens l'ont obfcurci, montreroit le Defpotifme toujours oppreffeur & détefté, toujours inquiet & menacé, foulant fes efclaves, dépouillant la terre qui les porte, luttant contre la nature, fes forces, fes richeffes, fes reffources, & toujours fon propre deftructeur après avoir tout ravagé.

C'eft à cette école de vérité que les Princes apprendroient „ que la liberté apporte des béné„ dictions en dépit de la Nature, & qu'en dé„ pit de la même nature la tyrannie apporte „ des malédictions; que l'efclavage a toujours „ produit de la lâcheté, des vices & de la mifère, " * & qu'il n'eft pas une feule époque de la décadence d'un Etat, qui ne fe rapporte à l'altération intérieure de fa liberté. En effet, le Gouvernement a tant d'influence fur les opinions & les préjugés; & ceux-ci donnent inévitablement aux hommes, & à tout un fiecle même, une fi puiffante impulfion, que les efforts du Defpotifme, & l'abrutiffement infeparable de la fervitude doivent bouleverfer ainfi la fociété.

Mais où trouver des philophes capables de reprendre les Grands & de défendre les hommes? Le courage qui fait braver le danger des armes eft le plus commun de tous, & cependant le plus eftimé; le courage des principes,

---

(1) La Chine nous donne feul ce bel exemple.

* *Gordon, difc. fur Sallufl.*

de conduite & de mœurs eſt bien autrement rare & précieux. Nous *n'oſons* pas penſer autrement que tous les autres, quand il y a du danger à lutter contre l'opinion générale; nous *ne ſavons pas même* penſer autrement que tous les autres, quand les inſtitutions ſociales nous ont imbus des préjugés, que les ambitieux & les maîtres nourriſſent avec ſoin; l'eſprit imitateur (1) adroitement fomenté par eux, devient l'eſprit univerſel; or l'eſprit imitateur eſt en tout genre l'ivraie du génie; il étouffe également les lumieres & les principes. Les ames s'énervent; les têtes s'affoibliſſent, les devoirs ſe dénaturent : tout ſuit l'impulſion du Deſpote & le torrent de la ſervitude. *L'obéiſſance paſſive* devient à la mode, comme l'amour de la liberté étoit la vertu plus commune dans des tems plus heureux & ſous des gouvernemens moins arbitraires.

Il eſt même bien difficile que la liberté une fois altérée rétrograde, & que le Deſpotiſme s'arrête dans ſes progrès avant la révolution qui produit des hommes, qui met chacun à ſa place, qui venge les nations & l'humanité; car le Gouvernement & les circonſtances forment & développent les citoyens moins qu'ils ne les dénaturent.

Un homme ſeroit banni, exilé, chaſſé d'une république, il ſeroit toléré dans une monarchie;

---

(1) J'entends ici le mot *imitateur* dans ſon acception la plus ordinaire; car ſi l'on diſcutoit ſon acception rigoureuſe, il eſt certain qu'il eſt impoſſible d'avoir une idée ni d'imaginer une forme qui n'imite rien.

il y auroit peut-être même quelque emploi ; il gouverneroit dans le Despotisme ; ce seroit le même homme, il ne différeroit en rien de lui-même : il n'y a de différence que dans l'arrangement que ces divers Gouvernemens donnent à chaque individu.

Renversons cette gradation. Ce même homme tourmenté, mis à mort dans le Despotisme, subsisteroit dans un état médiocrement administré : dans la république, il seroit un Dictateur Romain. Cette proposition est la même que la précédente.

Nous avons en général bien plus de souplesse & d'élasticité que de consistance & d'énergie ; les hommes supérieurs décelent eux-mêmes ce penchant, à l'imitation commune à l'humanité ; & le génie le plus grand, si ce n'est le plus sage, est celui qui s'éleve le plus au-dessus de son siecle ; mais il est toujours *rappetissé*, si l'on peut s'exprimer ainsi, par l'influence des erreurs générales qu'il trouve accréditées. Charlemagne, dont on a dit avec tant de justice & d'énergie : qu'il *étoit grand parmi les hommes & qu'il éleva son siecle en le mettant à ses pieds* * : Charlemagne étoit profondément occupé de la discussion des héresies les plus futiles, & presque enchaîné par toutes les superstitions de son tems. (1)

---

* *Lettres sur la dépravation de l'ordre légal.*

(1) J'en citerai une preuve singuliere que je choisis entre un grand nombre d'anecdotes de ce genre, qu'il seroit aisé de rapporter.

Il y eut un procès entre l'Evêque de Paris & l'Abbé de St.

L'homme ballotté & conduit au gré de ses passions est dépendant en raison de leur mobilité ; il obéit au moment où il croit commander : il s'enchaîne pour se satisfaire ; & le Despote, asservi, lui-même à tant de choses dont il est forcé de subir la loi, peut-être plus esclave que le moins libre de ses sujets, ne parvient à être maître qu'en déguisant ses premiers efforts & gagnant des complices, qui font bientôt des succès de son Despotisme leur propre succès. Alors tout concourt à la corruption ; & c'est malheureusement là le ferment le plus facilement excité parmi les hommes. *Comme les corps croissent avec lenteur & sont détruits en un instant, de même il est plus aisé d'étouffer la lumiere & le courage que de les rappeller* (1), dit un grand philosophe pratique.

Il est facile, par exemple, d'amollir les hommes & de les corrompre par le *luxe* & toutes ses séductions ; mais il est impossible de leur rendre le courage une fois qu'il est détruit. De tous les moyens que peut employer un Despote pour parvenir à son but, la faveur accordée *au luxe* est sans doute le plus efficace ; car la violence

---

Denis, plaidé devant Charlemagne. Celui-ci renvoya ce procès au jugement de la croix.

Deux champions se tinrent pendant la célébration de la messe les bras étendus en croix, celui de l'abbé de St Denis fut plus robuste ; celui de l'Evêque de Paris laissa tomber ses bras. Charlemagne adjugea gain de cause à l'Abbé de St. Denis. (*Mabillon, de re dipl. L. 9. p. 4. 8.*)

(1). *Corpora lentè augescunt, citò extinguuntur ; sic ingenia studiaque oppresseris faciliùs quàm revocaveris.* (Tacit vit Agricol.)

n'a qu'un ſuccès incertain & paſſager, & le feu périt avec tout ce qu'il a conſumé. La violence détrompe une nation, la réveille & hâte ſa révolution; mais il n'eſt point d'homme qui ne préfere des jouiſſances commodes & recherchées à une vie dure & agreſte; je ſais qu'on ne peut pas rigoureuſement appeller *luxe* toutes les *jouiſſances recherchées* : je n'ignore pas que le luxe renferme toutes les dépenſes nuiſibles à la reproduction, fuſſent-elles groſſieres; tandis que des jouiſſances très-délicates peuvent n'être que de faſte; ſi elles ne ſont pas nuiſibles à cette reproduction; mais je prétends qu'elles le ſont toujours aux mœurs qui ne ſe corrompent jamais à demi; telle eſt notre nature : la modération eſt pour nous une gêne; nul ne ſait s'arrêter : le tyran guette & profite de l'inſtant d'ivreſſe générale qui doit faſciner tous les yeux. Les chaînes embellies ne ſont plus des chaînes : peu d'hommes voient d'aſſez loin pour craindre les ſuites de la molleſſe; moins encore ſont aſſez modérés pour que la crainte de l'avenir contrebalance en eux l'appas du moment; la cupidité exerce ſon mépris, parce que le beſoin des jouiſſances aiguillone tous les cœurs, la molleſſe énerve au phyſique & au moral; on devient peu délicat ſur les moyens; on foule aux pieds les principes, & le deſir de ſéduire des proſélytes eſt le dernier degré de la corruption, & l'un de ſes périodes les plus certains.

Ainſi la contagion gagne de proche en proche; l'épidémie devient bientôt générale, & dès qu'un gouvernement a introduit *le luxe* & la molleſſe

qu

qui le ſuit toujours, (1) la liberté & l'État ſont perdus; parce que les hommes ne rétrogradent jamais de la molleſſe aux vertus mâles, ſeuls ſoutiens des Etats, & défenſeurs de la liberté.

Tous les faits hiſtoriques viennent à l'appui de ce principe.

C'eſt le mot d'un homme de génie que celui de Mr. Boſſuet. " La Perſe, attaquée par Alexandre & par une armée telle que la ſienne, ,, ne pouvoit pas éviter de changer de maître. "

En effet l'on n'a guere conſidéré dans la conquete d'Alexandre, qu'un événement extraordinaire & capable d'attirer l'admiration & l'étonnement de tous les hommes, & l'on ne s'eſt point aviſé de rabattre ce grand événement à ſa juſte valeur, c'eſt-à-dire, de remonter à ſes véritables cauſes, & de juger cette révolution d'aprés les connoiſſances qui nous reſtent de l'adminiſtration de la Perſe, plutôt que d'après l'étendue des terres conquiſes.

Sans entrer dans des diſcuſſions longues, épineuſes & incertaines, aprés leſquelles chacun reſte dans ſon opinion, (2) ne décidons que d'aprés les événemens les mieux conſtatés.

Je ne m'arrêterai point aux fameuſes batail-

(1) L'or eſt, dit-on, *un mauvais maitre & un bon valet.* Ce proverbe eſt vrai, non-ſeulement pour un avare, mais encore pour un état, de quelque eſpece qu'il ſoit, dès que l'or y donne des préférences, les mœurs ſe perdent, & enfin l'État.

(2) ,, Un homme, dit Montaigne, étend ſes lumieres, ou ,, comme vraies ou comme ſiennes : & de quelque façon que ce ,, ſoit, il forme cent oppoſitions contre celui qui le veut con- ,, vaincre. "

les de *Marathon*, *de Salamine* & *de Platée*, origine de cette haine implacable qui anima pendant plus d'un siecle les Perses contre les Grecs ; je ne décrirai pas ces succès presque incroyables & leurs suites étonnantes. Mais rappellons-nous qu'*Agésilaüs*, à la tête des forces de la seule république de Lacédémone, fit trembler *Artaxerxés* sur son trône ; il étoit déja maître de l'Asie mineure quand la jalousie des voisins *de Sparte* fomentée par l'or du Despote asiatique, le força à voler au secours de Lacédémone assaillie.

Les Rois de Perse auroient plutôt tari les fontaines de la Grece par le nombre de leurs soldats, qu'ils n'auroient soumis une poignée de Grecs libres. La Perse ne fut garantie pendant 150 ans des invasions de ses ennemis, qu'en achetant sans cesse la tranquillité, & semant la zizanie dans ces petites républiques envieuses.

Mais Alexandre succédoit à Phillippe, qui avoit employé tout son régne à se rendre maître de la Grece ; cet heureux conquérant n'avoit donc plus à craindre les ligues & les événemens offensifs, qui l'eussent contraint de rétrograder. La Grece abattue n'étoit plus capable d'en concevoir le projet ; elle l'étoit bien moins encore de l'exécuter ; puisque *Antipater*, politique & Général habile étoit chargé de veiller sur les Grecs & de les contenir. Il étoit alors physiquement impossible que ce vaste Empire, couvert d'esclaves amollis, résistât à 40000 hommes aguerris, conduits avec ensemble par un homme de génie. Peut-être le seroit-il à l'Empire Ottoman, malgré la différence incalculable que la poudre a introduite dans la guerre moderne.

Une pareille révolution n'est pas plus incroyable qu'elle n'est unique. Les mêmes effets eurent toujours & auront tôt ou tard les mêmes causes; le Despotisme a été facilement terrassé dans tout les tems & tous les pays.

10000 Grecs qui avoient suivi Cyrus jusqu'à Babylone, en butte à la faim, aux rigueurs de la saison, arrêtés par des fleuves, suivis par une armée nombreuse, souvent harcelés par des hordes de barbares, traverserent ainsi l'Asie mineure & firent 600 lieues sans qu'aucun Perse osât les attaquer. Les Romains combattirent 400 ans pour subjuguer la libre Italie. Si tout l'Univers leur eût opposé la même résistance, ils seroient devenus modérés ou auroient été détruits.

Les Vandales au nombre de 30000 * ravagerent & conquirent en moins de deux ans l'Afrique entiere dès long-tems énervée par le joug Romain.

Les Espagnols, le seul peuple méridional, si l'on en excepte cependant les Corses, qui ait su défendre sa liberté : les Espagnols, dis-je, qui lutterent si opiniâtrément contre les conquérans du monde, furent tellement dénaturés par la servitude, que les Vandales acheve-

* *Ils n'étoient pas même 30000 en 428.*

rent la conquête de l'Espagne en moins de deux ans, * & diviserent par la voie du sort ce malheureux pays.

40000 (1) Portugais ne firent-ils pas trembler à la fois l'empire de Maroc, les barbares d'Afrique, la célebre milice des Mammelus, les Arabes, tout l'orient enfin depuis l'isle d'Ormuz jusqu'à la Chine ?

Guillaume la conquérant avec moins de 60000 hommes ose affronter toutes les forces de l'Angleterre, & envahit après une seule bataille ce vaste pays énervé par le joug Danois ; † & qu'on ne dise pas que ce Prince attaquoit un Etat dénué de forces & de ressources ; l'Angleterre, délivrée depuis cinquante ans de la guerre & des incursions Danoises, fleurissoit sous l'administration de *Harold*, Prince chéri de la nation, remarquable par ses talens & son activité, & qui avoit eu le tems sous le long regne du foible Edouard, d'affermir son crédit & sa puissance déja très-considérables ; mais le coup étoit porté ; les armes Danoises & surtout l'anarchie féodale qui n'est autre chose que le Despotisme réparti sur plusieurs têtes, avoient porté une atteinte mortelle aux forces nationales.

Scanderberg, plus puissant par son génie &

---

* *Ils y entrerent en* 409.

(1) Les Portugais avoient alors tout le nerf de la chevalerie, & sur-tout ils jouissoient du bonheur d'avoir des Rois véritablement chefs & premiers gentilshommes de la nation.

† 1066.

le desir irrésistible de recouvrer la liberté, que par sa force prodigieuse, sa bravoure & ses droits au trône, fait trembler le puissant Amurat & son fils, * & repousse sans cesse avec une poignée *d'Albanois* toutes les forces Ottomanes qui viennent échouer devant la capitale ** de *l'Albanie*, quelques réfugiés † fuyans, pour ainsi dire au sein des eaux, la tyrannie des Espagnols, résistent à cette nation, alors la plus guerriere de l'Univers, l'humilient sur terre & sur mer, & fondent un Etat puissant, long-tems le plus florissant de l'Europe; & qui, resserré par des puissances trop fortes & trop politiques pour laisser agrandir son territoire, a opéré des miracles sur l'Océan plus étonnans que ceux des Romains sur la terre.

Si *Montézuma* n'eût pas été un tyran, les Mexicains auroient noyé le petit nombre de *brigands* qui, dans le XVIe. siecle, vinrent les égorger sous la conduite du *célebre brigand*, nommé *Cortès*. Jamais celui-ci n'eût pénétré à *México*; parce qu'il n'auroit pas trouvé des pays déserts, ou des peuples mécontens; les Mexicains auroient eu plus d'ensemble, & auroient été mieux conduits par tant de caciques, qui n'auroient pas grossi de leur défection le parti de Cortès.

Charles XII a renversé de nos jours, à la

* *Mahomet II. XVe. siecle.*

** *Croïa.*

† *Les Hollandois.*

tête de 8000 Suédois, 120000 Esclaves Russes, qui font trembler aujourd'hui d'autres Esclaves.

Mirweis fit capituler avec une petite armée dans Ispahan toutes les troupes de la Perse rassemblées sous les yeux du Despote.

En un mot, si les fastes du monde nous montrent le Despotisme luttant sans cesse contre la liberté, ils nous offrent aussi la liberté renaissante de ses ruines, terrassant le Despotisme, fût-il défendu par une multitude d'Esclaves soudoyés.

Le véritable triomphe d'Alexandre n'est donc pas d'avoir renversé un Empire que sa constitution attaquoit de concert avec lui.

Il ne l'est pas davantage d'avoir osé ce que d'autres hommes n'avoient pas même imaginé possible; reproche insensé que tant d'écrivains ont répété contre lui; car c'est-là précisément le propre du génie; & d'ailleurs *Isocrate*, long-tems avant l'expédition d'Alexandre, avoit conseillé la conquête de l'Asie, & prouvé sa possibilité.

Mais celui qui réunit à 24 ans le commerce du monde dans Aléxandrie (1); celui qui força l'Univers étonné à suivre l'impulsion de son génie; celui qui trouva le point de communication, & pour ainsi dire, de jonction à l'Europe, l'Afrique & l'Asie, c'est-à-dire, au

(1) Je remarquerai à cette occasion que Morery ni Balle lui-même n'ont pas daigné citer à l'article d'*Alexandre*, la fondation d'Alexandrie.

monde alors connu ; celui-là, dis-je, étoit un grand homme, quand il n'auroit pas été le général le plus habile & le meilleur politique de son tems, comme l'a très-bien vu M. de Montesquieu, qui dit en habile observateur : *on a assez parlé de la valeur de ce héros, parlons de sa prudence.* Alexandre savoit que le Despotisme n'est qu'un colosse effrayant de loin (1), soutenu sur une base d'argille, & d'autant plus foible qu'il est plus arbitraire, c'est-à-dire, plus oppresseur & plus insensé ; cette vérité frappante dont l'habile & prévoyant Auguste étoit pénétré lorsqu'il conseilloit aux Romains de *resserrer les bornes de l'Empire* (2) ; cette vérité, dis-je, inspira au héros Macédonien le projet de la plus grande révolution, que l'histoire nous ait transmise.

Il connut essez bien le Despotisme pour oser l'abattre. Tout & tous y concoururent, comme il l'avoit prévu ; car il ne faut pas oublier

---

(1) M. de St. Evremont, homme instruit & souvent observateur ingénieux, s'est permis d'écrire cette étrange bévue : „ l'expédition d'Alexandre est quelque chose de plus, „ que si aujourd'hui la République de Gênes, celle de „ Lucques & de Raguse entreprenoient la conquête de la „ France. „ M. de St. Evremont n'a pas voulu copier servilement beaucoup d'écrivains qui n'ont vu dans Alexandre, qu'un téméraire. Son parallele lui a paru neuf & singulier ; il l'est en effet.

(2) *Addideratque consilium coërcendi intra terminos imperii, incertum metu, an per invidiam*, (annal. lib. I.) dit Tacite en parlant du journal de l'Empire, écrit de la main d'Auguste ; il dit encore dans la vie d'Agricola : *consilium divus Augustus vocabat, Tiberius præceptum.*

que le mécontentement des Perses autant que leur molleſſe les rendit faciles à vaincre, & que ce ſont eux qui ont tué Darius. Alexandre fut aſſez grand & aſſez habile pour dédaigner le Deſpotiſme, également avant & après la conquête ; il avoit reçu des mains de ſon pere une armée exercée & aguerrie, & de celles de la Nature un génie trop militaire pour ne pas ſavoir que ſon premier eſſor & ſon véritable chef-d'œuvre conſiſte à former une armée, & qu'un homme de guerre peut tout eſpérer de troupes bien diſciplinées (1) contre les *Strelitz* mercenaires des Deſpotes.

C'eſt dans les ſuites, & non pas dans les détails des conquêtes, qu'il faut juger le vainqueur.

Il faut pour être conquérant une armée formée, du génie, & les circonſtances d'une adminiſtration tyrannique ou anarchique, qui prépare la révolution qu'on oſe projetter. Mais il faut beaucoup plus pour conſolider une conquête & la rendre utile.

Céſar, bien plus étonnant qu'Alexandre par ſa ſcience militaire, comme par tous les talens qui ſemblent le mettre hors du niveau

---

(1) Quels prodiges n'ont pas exécuté le grand Guſtave, le célebre Charles XII, envers lequel l'on eſt injuſte, & leurs fameux Généraux avec des troupes qu'ils avoient couvertes du bouclier terrible de la diſcipline & de la confiance? Que n'avons-nous pas vu faire de nos jours au Roi de Pruſſe, avec une armée, ſinon aguerrie, puiſqu'elle n'avoit jamais fait la guerre, du moins créée & maintenue par les loix de la diſcipline,

des autres hommes, (1) forme des troupes ; il sent tout ce qu'il peut espérer de la crise de corruption & d'anarchie où sa patrie se trouve plongée ; à peine a-t-il accoutumé ses légions à son génie, qu'il dompte des essaims de barbares furieux, aguerris, qu'il ne pouvoit ni diviser ni gagner, qu'il falloit combattre, & que leur climat, leur pays difficile, leur méthode de guerre subite, impétueuse, inusitée, favorisoient à l'envi. (Expédition, si j'ose hazarder ici mon opinion, bien plus admirable que la conquête d'un Empire qui s'étendoit cependant depuis la méditerranée jusqu'aux Indes ;) enfin pour dire encore plus, s'il est possible, César terrasse presque sans difficulté Pompée & les Romains, & se place sur le siege de la Dictature, d'où il auroit peut-être adouci l'esclavage de ses compatriotes, si la main d'un républicain ne l'eût arrêté au milieu de sa carriere.

Il est inutile de rapeller les preuves nombreuses, que nous offriroit l'histoire, de la foiblesse du Despotisme.

On ne peut, sans un délire inconcevable, ou une mauvaise foi bien odieuse, croire au *sabre invincible* des Despotes ; celui qui entend au sens naturel ce célebre mot ; *Dieu est pour les gros bataillons* : est un *sot* ou un *lâche*.

---

(1) *Summus autorum*, dit Tacite, qui devoit s'y connoître, en le citant sur une matiere qu'ils avoient traitée tous deux. (*de Moribus Germanorum.*)

(1) Si cet axiome ridicule, démenti dans tous les tems & tous les pays, pouvoit jamais être vrai, les Perses n'auroient-ils pas englouti la Grece? Et quelles conquêtes n'eussent pas fait un million de croisés qui se précipiterent ensemble sur l'Orient? (2)

Trois vastes empires offrent encore à l'Univers l'administration arbitraire réduite en principes ou plutôt non déguisée, la Turquie, la Perse, & le Mogol.

La Turquie, dont l'immense territoire effraie l'œil égaré sur trois parties du globe; la Turquie, à qui la Nature a prodigué le sol le plus précieux & le climat le plus fortuné; la Turquie se dissout en lambeaux & croule sous son propre poids, sans autres secousses violentes que celles d'une administration arbitraire & spoliatrice. Son Prince fastueux, qui se fait

---

(1) Ce mot est de Turenne, qui n'étoit certainement ni l'un ni l'autre; & qui n'a jamais voulu commander une armée nombreuse. Aussi la *sottise* est-elle à ceux qui entendent ce mot *des armées*, tandis que Turenne ne l'entendoit que *du choc des bataillons en colonne*, où la force dépend de la profondeur de la colonne. Le bataillon le plus épais & le mieux ordonné dans sa profondeur, fût-il composé de moins bons soldats, culbutera toujours le moins épais, fût-il composé de troupes supérieures; car l'Auteur de la Nature a voulu que 6 ou 8 ou 10 ou 12 hommes poussassent plus fort que trois ou quatre.

On trouvera dans Bourſault le mot qui a occasionné cette note, attribué au Maréchal de la Ferté; mais il est de Monsieur de Turenne.

(2) La premiere bande, & pour ainsi dire l'avantgarde, étoit de 300000 hommes & dans la revue faite sur les rives du Bosphore, le corps de bataille se trouva de 700000 combattans.

nommer *Dieu en terre*, ne l'eſt pas même au fond de ſon ſerrail ; *& l'inviſible diſtributeur des couronnes* verra bientôt en effet ſes vaſtes déſerts démembrés & envahis.

La Perſe, deſtinée par la Nature à être auſſi riche & auſſi féconde qu'aucune autre contrée de l'Univers, couverte d'une infinité de richeſſes, & d'un peuple induſtrieux & doux, ſuccombe ſous le faix de ſon Deſpotiſme, & eſt en proie à toutes les convulſions des troubles intérieurs qui l'agitent.

Le Mogol enfin dont le territoire eſt auſſi fertile qu'étendu ; le Mogol, qui ent ſe des millions (1) & couvre ſes vaſtes poſſeſſions d'une tourbe innombrable d'eſclaves, eſt envahi & preſque détruit par une poignée de républicains.

Tels furent & tels ſeront toujours les effets des hoſtilités d'une autorité ignorante & aveugle, qui ne connoit de bornes qu'une volonté arbitraire & fantaſque, qu'une avidité inſatiable & cruelle, & qui ſe détruit ſans parvenir à s'aſſouvir. Tous les Deſpotes ont été trompés par les mêmes illuſions, & ont opprimé les hommes par les mêmes moyens.

C'eſt là cependant le régime dévorant & meurtrier que des Princes appellés à gouverner un peuple puiſſant, fidele & généreux tant qu'il fut libre, ou du moins, tant qu'on reſpecta les veſtiges de ſon antique liberté; c'eſt

(1) On dit que le Sophi à 900 millions de revenu.

là le régime que ces Princes ont réduit en ſyſtême, dans un ſiecle où la philoſophie s'appliquant enfin à l'interprétation des loix de la Nature, & portant ſon flambeau ſur les faits hiſtoriques qui conſtatent les ravages d'une adminiſtration oppreſſive, a appris aux hommes, que leurs *droits* paſſent auparavant les *ſermens* prononcés en faveur de la conſervation de ces droits, & démontre aux Princes que la tyrannie ne ſauroit produire au tyran que des fruits amers, & détruit tôt ou tard toute puiſſance & toute ſûreté.

Il fut de nos jours un Roi qui trouva ſon autorité très-ébranlée en apparence ; car la moitié de ſes peuples avoient les armes à la main contre ſes miniſtres ; mais elle étoit trés-ſolide, car elle étoit gravée dans le cœur de ſes ſujets ; il oublia les ſervices des Grands, pour ſe ſouvenir des injures qu'ils avoient faites à ſon miniſtre, & les regarda comme perſonnelles ; il énerva toute autorité dont il n'étoit pas le collateur immédiat, parce qu'il ne voyoit de bonne-foi rien au-deſſus de ſon autorité : il ſembla vouloir imiter les ſculpteurs, qui d'un bloc de marbre ou d'un figuier font un *Jupiter*. Il crut qu'avec ſa *pleine puiſſance*, ſon *autorité Royale & ſon bon plaiſir*, il feroit d'un homme de robe un Miniſtre de la guerre, d'un Edit une ſource de richeſſes, &c. Il réunit tout le nerf encore exiſtant de la nation, & le fit ſervir à ſa gloire & à celle de ſa maiſon, qu'il détacha toujours, faute de lumieres, de la gloire & des véritables intérêts de son état. Il vécut assez pour éprouver qu'il ne pourroit jamais suffire par son autorité à tout ce que faisoient les Grands, quand ils étoient répandus dans le Royaume, & que l'autorité arbitraire affoiblissoit ou détruisoit tous les ressorts & n'en remplaçoit aucun.

La vertu militaire, par exemple, fut détruite en France sous son regne (1) auquel elle donna tant d'éclat ; en vain objecteroit-on les victoires de nos armes sous ce Prince ; au déclin de son âge ses armées furent battues presque par-tout ; & d'ailleurs il est aisé d'appercevoir que, dans un grand Etat, les causes morales ne font sentir leurs effets qu'au bout d'un certain tems. La vertu militaire est la vertu d'un particulier qui s'applique ensuite à tous les métiers auxquels on veut l'employer. Quand les mœurs d'un Etat changent, toutes les parties qui le composent changent aussi. Il est vrai que les barrieres different de quelque tems l'épidémie ; mais les combats contre l'opinion générale sont désavantageux (2) & l'on finit toujours par céder.

---

(1) „ Qui nous pourroit joindre à cette heure, & acharner à une entreprise commune tout notre peuple ; nous ferions refleurir notre ancien nom militaire. "

C'est le contemporain d'Henri IV qui parle ainsi : qu'est donc notre nom militaire aujourd'hui, si nous étions déja déchus ?

(2) La vertu d'*Epiménide*, après son sommeil de 30 ans, eût paru bien bizarre, si son barbier & son tailleur ne l'eussent rendu vertueux à la mode du jour. Nous sommes obligés pour notre bien, & presque pour notre honneur, de

La vertu qui n'est pas fondée en pincipes n'est qu'un mot vague, & ses *gestes*, si j'ose m'exprimer ainsi, ne sont qu'une *attitude d'imitation*. C'est la vertu de presque tous les hommes & de tous les siecles, & ce fut celle qui valut au regne du magnanime Louis ce ton de grandeur dont il avoit donné l'impulsion & l'exemple, & qui nous a si long-tems abusé; mais cette grandeur factice, que des *faiseurs de vers* ont rendue si célebre, étoit fondée sur des moyens violens & démesurés. Elle devoit tout briser, & c'est ce qui arriva.

Le Monarque, aussi romanesque qu'absolu, & qu'à si juste titre on a comparé au lion de la fable défaillant & assailli, Louis XIV, trompé par une femme hypocrite, haineuse, & par des caffarts, se vit au moment de succomber sous les coups des ennemis qu'il avoit bravés si long-tems; il étoit perdu sans les efforts généreux de son peuple, & quelques frivoles tracasseries des cours ennemies.

Nul n'osoit le détromper. Trahi par tous ceux qui l'entouroient de plus près, il prépara à son Etat une révolution que l'épuisement de ses sujets, & peut-être aussi la lâcheté à laquelle il les accoutuma, empêcha d'être sanglante, & rejetta toute entiere sur

vivre relativement à ce que nous trouvons d'établi. Un Officier qui eût mis son habit uniforme un jour de bataille, eût été déshonoré il y a 40 ans : un Officier qui ne le mettroit pas aujourd'hui, seroit regardé comme un fol, indépendamment de l'Ordonnance.

l'or qu'il avoit fait prévaloir. Son testament fut méprisé par ses sujets, qui crurent être heureux ; pourvu qu'ils évitassent d'obéir au Despote mort. Il ne se trouva parmi tous les Prêtres & les dévots, à qui sa maîtresse avoit confié l'autorité, aucun homme qui osât se montrer ferme & reconnoissant. On laissa le Despotisme entre les mains de l'homme qui avoit le cœur gâté & l'esprit le plus faux, (1) quoique le plus perçant, le moins de connoissances des ressorts du Gouvernement & des intérêts de la nation. Cet homme leva le masque de tous les vices à la fois ; & comme tous les cœurs avoient été corrompus par le système de Gouvernement précédent, tous les visages oserent montrer sous la nouvelle auto-

---

(1) Qui croiroit jamais, si le fait n'étoit pas constaté, que la banque de Laws fut portée à six milliards, cent trente-huit millions, deux cent quarante-trois mille, deux cent quatre-vingt-dix livres, soit en actions de la Compagnie des Indes, soit en billets de la banque ? tandis qu'il n'y avoit dans le Royaume que douze cent millions d'especes, à 60 liv. le marc, & que malgré la réduction de 600 millions d'effets au porteur à 250 millions de dettes d'Etat, la dette nationale se monta à la mort de Louis XIV à deux milliards, soixante & deux millions, cent trente-huit mille une livres, à vingt-huit livres le marc ; laquelle dette portoit des intérêts au dernier 25, montant à quatre-vingt-neuf millions, neuf cent quatre-vingt-trois mille, 453 livres.

Un pareille erreur décele assurément un homme ; mais le régent avoit une facilité de travail, qui prouve qu'il avoit l'*esprit* très-perçant. On pourroit lui appliquer ce que Tacite disoit de Pison : *nemo out, validiùs etiam dilexit, aut faciliùs sufficit negotio magisque quæ agenda sunt egit absque ostentatione agendi.*

rité, d'un bout du Royaume à l'autre, tous les vices des cours.

C'est là que les hommes puisent les deux plus puissans vices de l'humanité, qui sont *la basse cupidité* & *l'orgueil* non moins vil. De ce mêlange il ne peut résulter qu'un scélérat sot & insolent. (1)

Ainsi toute pudeur & toutes mœurs furent perdues, les mauvaises mœurs sont le plus grand mal d'un Etat, parce qu'elles annoncent la lâcheté des hommes, aussi bien que la corruption des femmes.

Un Général de faveur, * lâche ou réputé tel à la guerre ; un Prêtre honoré de la pourpre, ** faux, hypocrite & ambitieux, sous le masque de la modération & de la bonhommie, sans mœurs, sans talens, sans la plus légere apparence de vertus pour compenser tous les vices ; ces hommes sont choisis (2) pour élever l'unique & précieux rejetton d'une famille anéantie. (mettez un homme à sa place, il en restituera vingt autres à leur place ; un seul homme déplacé procure cent candidats indignes.) La maltote & le monopole prévalent ; le mérite est obligé de céder aux richesses mal acquises ; & la France ne peut plus résister

(1) Aussi ce signalement est-il à-peu-près de tout tems celui des gens de cour.

* *Villeroi.*

** *Fleuri.*

(2) Ce choix étoit de Louis XIV, & n'en étoit pas meilleur.

réſiſter à tant de maux, les mœurs, premieres reſſources des Etats, & peut-être unique baſe de la liberté, étant corrompues.

Cette ébauche effrayante & trop vraie, qui n'eſt que le lointain de celle qu'une hiſtoire plus récente pourroit retracer; nous offre le tableau des ſuites inévitables du Deſpotiſme: il eſt avide, car il faut qu'il aſſouviſſe les fantaiſies cupides du Deſpote & de ſes ſatellites. Il pille, il engloutit les biens, la ſubſtance de tous les eſclaves qui rampent ſous ſon empire; une nouvelle ſpoliation ſignale chacun de ſes progrès, parce que l'or y tient lieu de tout; tous les reſſorts ſont corrodés, vertu, force, courage, émulation, talens, génie: tout ſe reſſent de l'aviliſſement de l'ame: la corruption eſt la meſure de la puiſſance du Deſpote, & le gage d'impunité de ſes ſatellites (1). Le Deſpotiſme eſt aux royaumes, ce que l'oiſiveté eſt aux particuliers; c'eſt-à-dire, le pere de tous les vices.

Le luxe vient contribuer à les étendre; il

---

(1) C'eſt une choſe également révoltante & remarquable, que les immunités accordées en France aux publicains & à leurs ſatellites. Entr'autres anecdotes que je pourrois citer, j'obſerverai ſeulement que l'art. 8 du titre 14. de l'Ordonnance de 1687, qui regle depuis cette époque tout ce qui concerne les Fermes, porte expreſſément: „ que tous commis, commandans & gardes.... ſeront reçus au ferment par le Juge des droits royaux, dans le détroit duquel ils ſeront employés, *ſans information de vie & de mœurs*, & ſans concluſions ni commiſſions du ſubſtitut du procureur-général ſur les lieux. "

naît à l'aproche du Despotisme, ou plutôt il est un des premiers échelons au pouvoir arbitraire, car la cupidité & la mollesse qu'il produit & nourrit sont les premiers symptomes & les plus puissans mobiles de la servitude : il le dévance, il l'introduit ; mais, rapide dans ses progrès, meurtrier dans ses ravages, il a bientôt englouti & l'oppresseur & l'opprimé.

O Rois qui mettez votre confiance dans le produit de vos exécutions tyranniques, qui détruisez toutes les vertus, qui amollissez tous les courages, qui pervertissez les mœurs, qui croyez que l'or vous donnera des esclaves, des maitresses, des favoris, des ministres, des soldats, une grande puissance, tout en un mot : votre folle illusion sera déçue : vous avez tout concentré dans la possession de l'or ; vous en avez fait votre seul agent, comme votre unique idole ; vous avez dirigé toutes les passions vers ce métal destructeur. Hélas ! Dormissiez-vous sur des monceaux d'or, celui qui saura s'en saisir sera le maître de tout, & par conséquent le vôtre. (1) *Il sera puissant, fort ; obéi*, il sera le juge inéxorable ; il sera le bourreau du tyran dépouillé : on pille, on vole des trésors ; & ceux de Crésus ne le sauverent pas du bûcher ; mais l'a-

(1) „ *Virtus, fama, decus, divina, humanaque pulchris.*
„ *Divitiis parent ; quas qui construxerit, ille*
„ *Clarus erit, fortis, justus, sapiens etiam & rex,*
„ *Et quidquid volet.* „ (Horat. sat. 3. lib. II.)

mour des hommes, tôt ou tard, mais toujours acquis aux Princes justes ; les talens, le courage, la fidélité, toutes les vertus qui naissent aux approches de la liberté & fuient avec elle ; ces vertus restent, & ces richesses valent bien les autres.

J'ai dit que l'introduction du luxe étoit nécessaire aux progrès du Despotisme, & j'ajoute que l'on doit se méfier toujours du Gouvernement qui le protege & l'encourage. C'est le piege séducteur que les Despotes présenterent toujours aux hommes.

Les Princes ne peuvent assouvir la soif du pouvoir arbitraire, que je comparerois à la fievre du lion, si celle-ci du moins n'étoit passagere, sans atténuer par les suggestions de la cupidité & les amorces de la volupté, cette corruptrice infallible & perfide, toutes les forces qui pourroient leur résister. *Voluptates* (1) *quibus Romani plus adversùs subjectos quàm armis valent*, dit le pénétrant Tacite.

L'opinion la plus distincte & la plus opiniâtre des sauvages de l'Amérique, c'est que l'homme est né pour l'indépendance la plus absolue ; car c'est ainsi qu'ils conçoivent *la liberté*. Ils n'ont point étendu leurs perceptions jusqu'à

---

(1) Au texte *voluptatibus*; Tacite qui a dit tant de choses, dit encore : *ut homines dispersi ac rudes eoque bello faciles, quieti & otio per voluptates assuescerent : idque apud imperitos humanitas vocabatur, cum pars servitutis esset.*

découvrir qu'on augmente ses facultés, ses jouissances, ses denrées en les échangeant ; mais aussi les pieges insidieux d'une autorité usurpatrice ne les ont pas énervés par l'admission du luxe. C'est un très-grand bien acheté par de grandes privations.

Je sais que les moralistes ont toujours déclamé contre le luxe, & la corruption qu'il entraine. Mais cela n'est pas étonnant ; car l'on n'a presque conservé que les auteurs des *siecles polis*, & les *siecles polis* sont précisément ceux qui ont ressemblé à celui-ci. Qu'on lise Tacite, & l'on sera singuliérement surpris du rapport exact des mœurs Romaines, sous les Empereurs, aux vices de nos jours.

C'est dans les siecles polis que l'on a dit que *tout étoit vénal à Rome.* (1)

C'est alors qu'on n'osoit pas y compter *le péculat & les concussions* (2) *au nombre des crimes, tant l'exemple en étoit général.*

C'est alors qu'on auroit pu dire, en comparant les mœurs de Rome florissante à celles de Rome implacable ennemie des *Tarquins*, ce que Tacite avouoit long-tems après en parlant des agrestes Germains, *que les bonnes mœurs avoient chez eux plus de force, que les bonnes Loix*

(1) *Romæ omnia venalia esse.* (Sallust. jugurtha.)

(2) *Non peculatus ærarii factus est : neque [illegible] vim sociis erepta pecuniæ : quæ, quamquam gravia sunt, tamen consuetudine jam pro nihilo habentur ;* disoit Memmius en haranguant le sénat (Sallust. in jugurth.)

n'en avoient à Rome. (1)

C'est à l'époque de l'introduction de la politesse, des arts & des talens littéraires dans cette célebre métropole du monde, qu'un habile scélérat s'écrioit : *O ville vénale, tu seras bientôt esclave si tu trouves un acheteur* ! (2)

C'est au sein de cette politesse délicate & perfectionnée, qu'un contemporain d'Auguste a dit avec tant de finesse & de vérité ; *gratis pœnitet esse probum* ; car le Despotisme s'est toujours ressemblé dans sa marche & ses effets. Du moment où la cupidité devient le mobile d'un Gouvernement, & l'appas qu'il présente aux hommes, *qui voudroit être vertueux gratis* ? (3) Dans un Etat *despotique*, *les vertus de citoyen sont des vertus de duppe*, dit un Ecrivain célebre*. Les hommes ne veulent point être duppes, parce qu'ils n'aiment ni les humiliations, ni les mauvais marchés. La vertu n'est & ne sauroit plus être un objet, dès que l'estime publique s'en éloigne, ou du moins dès qu'elle n'en est plus la récompense.

C'est dans un siecle aussi poli que le nôtre, que les citoyens, de quelque ordre qu'ils soient,

---

(1) *plusque ibi boni mores valent, quàm alibi bonæ leges.* (Tacit. de morib. Ger.)

(2) *Sed postquàm Romà egressus est, fertur eò sæpè tacitus respiciens, postremò dixisse, urbem venalem & maturè perituram, si emptorem invenerit.* (Sallust. in jugurth.)

(3) *Non facile invenies multis in millibus unum,*
Virtutem pretium, qui putet esse suum.
Ipse decor recti, facti præmia desint :
Non movet & gratis pœnitet esse probum.

* *M. d'Alembert, essai sur les gens de lettres.*

sont *si assujettis* à l'argent, que si-tôt qu'ils voient un homme dédaigneux en ce genre, ils le croient riche ; & sans se rendre compte à eux-mêmes de la prééminence qu'ils lui attribuent, ils le saluent comme l'esclave salue l'homme libre.

C'est sur-tout dans un tel tems *que corrompre & être corrompu* s'appelle (1) *le bon ton, & que les choses qui passoient autrefois pour des vices sont les mœurs du siecle.* (2)

C'est dans un tems tout pareil enfin qu'un génie mâle, peintre énergique & ressemblant des mœurs de son tems, en a fait ce tableau, qui semble sortir du pinceau de l'éloquent citoyen de Geneve.

„ On vit naître & s'accroître la soif cupide „ de l'argent, & le desir effréné du pouvoir. „ Ces deux passions furent la source &, pour „ ainsi dire, la matiere premiere de tous les „ crimes ; car l'avarice bannit la probité, la „ bonne foi, & détruisit de son souffle infect „ toutes les autres vertus ; elle introduisit l'or„ gueil, la dureté, le mépris des Dieux, & la véna„ lité de toutes les choses. L'ambition apprit aux „ hommes la dissimulation, la perfidie, l'art de „ feindre un langage & des sentimens démentis au „ fond de leur cœur, celui de ne mesurer leur „ haine & leur amitié que sur leur intérêt & les „ circonstances, & sur-tout la science perfide de

---

(1) *Corrumpere & corrumpi probum sæculum vocatur.* (Tacit. mor. ger.)

(2) *Quæ fuerunt vitia mores sunt.* (Senec. 39.)

„ composer leurs visages plutôt que de re„ dresser & de régler leurs principes. Ces vices, „ d'abord lents dans leurs progrès, étendirent à „ la fin leurs ravages ; & leur contagion pesti„ lentielle eut bientôt tout embrasé. " (1)

Des mœurs moins fermes & des tems plus *polis*, en faisant perdre bien des vertus, & presque toutes les vertus, donnent, à ce qu'on assure, une sorte de dédommagement par la justesse du goût : mais quel dédommagement! Je ne nierai pas une assertion aussi généralement reçue, pour ne point m'engager dans une discussion déplacée, M. de St. Evremont a osé dire ; il a même à-peu-près prouvé que le siecle d'Auguste, tant vanté, avoit déchu. Horace, dit-il, Horace si célebre par la délicatesse de son esprit, & la justesse de son goût tournoit en ridicule ses contemporains. Ne seroit-ce pas la preuve qu'ils ne l'avoient pas excellent ? Cicéron se plaignoit de la décadence du goût. Que d'observations de cette espece nous offriroient des siecles bien fiers de leur instruction ! mais laissons aux modernes cet avantage qu'ils font sonner si haut : supposons pour un instant, que le génie & les

(1) „ *Igitur primò pecuniæ, dein imperii cupido crevit ; ea quasi „ materies omnium malorum fuere ; namque avaritia fidem, probita„ tem, cæterasque artes bonas subvertit ; pro his superbiam, crude„ litatem, Deos negligere, omnia venalia habere edocuit ambitio ; „ multos mortales falsis fieri subegit, aliud clausum in pectore, aliud „ promptum in linguâ habere, amicitias inimicitiasque non ex re, „ sed ex commodo æstimare, magisque vultum quam ingenium bo„ num habere. Hæc primò paulatim crescere, interdum vindicari ; „ quasi pestilentia invasit.* (Salluste in Jugurth.)

beaux arts, qu'il crée & perfectionne, ne souffriront rien de l'altération de la liberté, de la corruption des sentimens, de la gêne des pensées ; de l'introduction de la molesse, qui affoiblit aussi bien l'ame que le corps ; toujours sera-t-il très-permis de penser avec le fameux Mr. Rousseau (1), que les beaux arts

---

(1) M. Rousseau n'est pas le premier qui ait soutenu cette thése, qui a fait tant de bruit, & que ses adversaires n'ont pas entendue. On trouvera dans la 106e lettre persanne d'excellentes pensées à ce sujet. Voyez aussi tout le chapitre 12e du 2e livre des essais de Montaigne, remarquez y la liste des anciens philosophes qui ont avancé la même opinion. *postquàm docti prodierunt boni desunt*, dit Seneque (Epist. 9.) *parum mihi placent eæ litteræ quæ ad virtutem doctoribus nihil profuerunt.* Ailleurs, *nihil Sanantibus litteris. Les philosophes*, dit Ciceron, *nuisent à ceux qui prennent mal ce qu'on leur dit : iis qui bene dicta malè interpretarentur*, (Cicer. de nat. deor. l. 3. c. 31.) Voyez les détails de l'éducation des Perses dans le premier Alcibiade de Platon. „ En cette belle instruction, dit Montaigne, que „ Xénophon prête aux Perses nous trouvons qu'ils apprenoient „ la vertu à leurs enfans, comme les autres nations font les „ lettres. "

Je ne finis ces citations qu'on pourroit multiplier à l'infini, par ce passage remarquable de Milord Bolingbroke, (folie & présomption des philosophes.) „ Celui qui soutient, dit-il, „ qu'il y auroit plus de savoir & de sagesse parmi les hommes, „ s'il y avoit moins d'érudition & de philosophie, peut paroi- „ tre avancer un paradoxe ; mais un homme exempt de préju- „ gés & qui sait douter, s'apperçoit bientôt que ce prétendu „ paradoxe est une vérité incontestable; cette vérité a lieu dans „ laplupart des sciences humaines ; mais sur-tout dans la „ métaphysique & la théologie. Je sens bien qu'elle ne man- „ quera pas de choquer la vanité des hommes les plus vains „ qui soient au monde ; je veux dire des Scholastiques & des „ philosophes ; mais ceux qui cherchent sincérement la vérité, „ & qui préférent l'ignorance à l'erreur seront ravis de cette „ découverte. "

Convenons que l'homme immodéré en tout, soutient volontiers les principes extrêmes, qui ne sont jamais les vrais. Les sciences n'ont pas fait tout le bien que leur attribuent leurs

ne sont pas une *si belle chose* dans l'Etat ; & que *Régulus* & *Caton* ne pouvoient pas exister dans le même siecle que le rhéteur *Séneque*.

Dès qu'on estime les beaux arts dans un autre genre qu'ils ne doivent l'être, & c'est ce qui arrive toujours, il se fait des demi-savans ; bientôt l'insolence de l'histrion & du poéte, les adulations des écrivains mercenaires, les erreurs ou plutôt les faussetés imprimées, payées par le Gouvernement, qui proscrit avec soin les réponses qui pourroient leur servir de contrepoids : tout se gage, tout se vend, tout s'achete, tout se mandie, & s'il est vrai, comme l'a dit un des grands Ecrivains de nos jours, * *que l'amour de l'argent, ou ce qui revient au même, la considération accordée à la richesse, soit le terme extrême de la corruption* ; à quel période en est

---

partisans ; elles n'ont pas fait tout le mal que leur imputent leurs détracteurs ; elles ont produit de grands biens, & fomenté de grands maux ; c'est ainsi que presque dans toutes les disputes tout le monde a raison, ou pour mieux dire, c'est ainsi que la raison, ne se trouve guere que dans le moyen terme de la dispute. Cultivons les sciences, ne fussent-elles que le charme de la vie, le remede de l'ennui, l'aliment de la curiosité, cette passion tyrannique & indestructible de l'homme, mais n'oublions pas cette sage pensée de Séneque *ut omnium rerum, sic litterarum quoque intemperantiâ laboramur. Nous donnons dans l'excès relativement aux lettres comme à l'égard de toute autre chose.* (Epist. 106.) En tout, le premier besoin de l'homme est de s'*arrêter*, & malheureusement un des vices de son instinct est de ne savoir s'*arrêter*. L'excès de l'étude énerve autant au moral qu'au physique ; & celui qui étudie trop ses livres a bien peu le tems d'étudier lui & ses propres pensées.

* *M. Rousseau.*

parvenu notre Europe toute mercantille & vénale ?

Le Despote prodigue l'or, pour en avoir encore plus ; car l'or, pere de la servitude, est le Dieu des Despotes ; d'ailleurs il faut épuiser tous les autres, afin d'être le seul riche, le seul puissant, le seul maître. C'est ici le coup le plus meurtrier, comme aussi le plus dangereux pour lui-même, qu'un Prince arbitraire puisse porter à la liberté.

Louis XI fut le premier Roi de France qui corrompit les Etats Généraux, & détruisit ainsi le rempart le plus respectable de la liberté publique.

Charles VII qui mérita, par les vertus de son ame honnète & sensible, l'indulgence dont on honore sa mémoire ; mais que le défaut de talens ou de caractere, & les difficultés des circonstances épineuses où il se trouva, exposerent à des fautes essentielles pour la nation ; Charles VII avoit déja levé des deniers sans le consentement des Etats généraux ; Louis XI fit plus encore, il extorqua par adresse & arracha avec violence, après avoir avili & persécuté la noblesse, au lieu de la réprimer & de lui donner l'exemple de la justice.

On seroit effrayé, si l'on pensoit que Charles VII avoit levé des taxes pour 1800000 l. (1) Ce fait n'est pas assez connu & n'est pas

(1) Le marc d'or valoit alors cent livres, & le marc d'argent huit livres quinze sols.

assez répété. Louis XI porta ces mêmes taxes illégales à 4700000 l. (1) Voilà la gradation rapide de l'avide tyrannie & du fisc guidé par des volontés arbitraires, & dénué de principes. Charles VII soudoya le premier 9000 hommes de cavalerie & 16000 hommes d'infanterie, & Louis XI augmenta l'infanterie de 15000 hommes & la cavalerie de 2500; Louis XII lui-même augmenta ses troupes réglées d'Allemands, * comme Louis XI y avoit introduit des Suisses. ** On sait jusqu'à quel nombre prodigieux s'est accrue cette milice, tout le Royaume sous Louis XIV, alla s'engloutir dans les camps.

Que peut une nation ainsi surveillée? On parle sans cesse de la nécessité des troupes réglées; *comment résister, dit-on, à celles de nos voisins avec des misérables bandes de paysans, ou une noblesse ignorante & indisciplinée.*

Je n'ai pas prétendu entamer cette discussion militaire, sur laquelle il y auroit bien des choses à dire, & que je ne craindrois pas d'approfondir, si c'en étoit ici la place; mais je dis que les troupes réglées sont l'instrument du Despotisme, comme leur institution en fut le signal. L'exemple de nos voisins n'est pas une preuve contradictoire; eh! ne voit-on pas

---

[1] Le marc d'or valoit alors cent dix-huit livres dix sols, & le marc d'argent dix livres. Cette somme monte à 23 millions de notre monnoie.

* *Les bandes noires.*

** *Philippe de Commine.*

en effet que toute constitution en Europe est dégénérée en arbitraire, & s'accélere vers le Despotisme ! Les troupes réglées ont été & seront toujours le fléau de la liberté ; mais ce fléau est intolérable, quand il devient le rempart des déprédations. *Soliman le magnifique*, que les Turcs nommerent *Canuni* ou *instituteur des regles*, & qui donna le premier une sorte de forme réguliere à l'Empire Ottoman, apporta du moins de l'ordre dans les finances ; car il avoit trop de génie pour ne pas sentir que c'étoit-là la véritable pierre de touche de l'administration, & l'unique base de toute autorité prospere. C'est trop de ravager sa nation par les incursions de la fiscalité, & de l'enchaîner par les mains d'une milice nombreuse & mercenaire.

Tel est notre sort & tel en fut le signal.

Il est aisé maintenant de suivre les gradations accessoires qui nous ont jetté sous le regne absolu ou plutôt sous l'oppression terrible de la fiscalité & des déprédations en tout genre de finances.

On peut faire remonter cette époque à Charles VII & à Louis XI ; mais ce fut aux prodigalités de François premier, & à nos malheureuses guerres d'Italie qu'on en dut les tristes progrès ; ce fut sur-tout (1) à l'ad-

(1) En effet, on croit communément que François I laissa un grand désordre dans les finances ; cependant malgré ses dissipations il laissa 400 mille écus d'or dans ses coffres, & un

mission des Italiens dans les affaires de France, par Catherine de Médicis.

Le regne des Italiens fut odieux & infame sous Henri II & ses fils. Sully arracha bien quelques feuilles à cet arbre parasite & vorace ; mais il avoit laissé le tronc & les branches, qui ont si fortement repoussé depuis.

Rien dans la société ne peut sauver le ridicule de faire ce qu'on ne sait pas ; mais rien n'est aussi criminel que de se charger d'une fonction publique dont on est incapable ; c'est cependant ce qui arrive toujours dans un Etat, où tous les esprits sont tournés vers l'intrigue, comme tous les cœurs sont corrompus par la cupidité.

Un voyageur qui nous raconteroit que, dans les terres australes, il se trouve un royaume où l'on ne confie jamais aucune partie de l'administration qu'à un genre d'hommes, qui ne sont d'aucun état & d'aucun métier ; (1) que

---

quart de revenu prêt à y entrer. Henri II qui ne régna que 12 ans, laissa l'Etat chargé de 15 ou 16 millions de dettes.

On fit, à propos des libéralités de François I, cette très-fine critique des progalités des Rois.

Sire, si vous donnez pour tous à trois ou quatre,
il faut donc que pour tous vous les fassiez combattre.

Suivant l'Etat communiqué aux trois ordres, aux Etats d'Orléans, à la mort de François I. (1560.) les dettes montoient à 39182565 liv. la recette totale de l'année à 12259925 liv. ; & la dépense à 12260829 liv.

On ne fait pas ces sortes de relevés, c'est cependant la premiere besogne d'un historien.

(1) Des maitres de requêtes, par exemple.

ce royaume a de nombreuses armées, mais que la regle constante de l'administration militaire est de ne jamais placer à la tête des affaires ceux qui ont commandé ces armées; que ce pays possede une assez forte marine, mais qu'aucun des marins n'y est jamais consulté sur les opérations de mer ou celles des arcenaux; qu'il en est ainsi de toutes les autres branches du Gouvernement, dont toute la science se réduit dans ces contrées, à savoir noircir avec une sorte de chalumeau, une espece de carton qu'on y fabrique; un tel voyageur sembleroit en conter à ses lecteurs, & nous croirions bien difficilement qu'il existât un peuple assez barbare pour avoir atteint ce degré de délire; mais les voyageurs sont un peu accusés de mentir; laissons le nôtre, & revenons à notre pays.

On peut dire, sans s'écarter de son histoire que des ministres parfaitement ignorans dans la partie qui leur étoit confiée, s'y sont fréquemment succédés; ils ont cependant voulu avoir dans leur ressort la premiere & presque la seule autorité.

Malheureusement & très-malheureusement, *Richelieu*, *Louvois* & *Colbert* étoient des hommes de génie, & *Mazarin* lui-même (1) avoit de grands talens.

---

(1) M. de Turenne estimoit plus la sagesse combinée du cardinal Mazarin, que la supériorité trop entreprenante du cardinal de Richelieu.

Tous ces ministres despotiques n'ont cherché, comme de droit, qu'à faire prévaloir leur autorité, sous le prétexte de soumettre tout à l'autorité du Roi : jamais ils n'ont porté leurs vues ni leur plan plus loin que l'intérêt de leur *crédit*, qu'ils firent passer même avant *leur gloire*.

Les grandes charges de la couronne leur ont paru un obstacle ; ils les ont dégradées & anéanties ; ils crurent se dépouiller en partageant la portion d'autorité qu'ils étoient obligés de confier. Pour la diminuer, ils l'entre-mêlerent *d'officiers de détail* (1) indépendans de la hiérarchie naturelle.

Un Général qui avoit gagné deux batailles effrayoit ; l'admiration qu'attire ce mérite dans l'esprit des hommes, le crédit & l'importance qu'il acquiert à ceux qui réussissent dans la carriere des armes, semblerent une atteinte dangereuse.

Pour diminuer ces avantages, il fallut rendre plus difficiles les succès, ils contrarierent constamment les chefs. Louvois trahit le Roi pour nuire à Turenne : dès-lors nos Généraux desservis, inquiétés, dégoûtés, perdirent la plus grande partie de leur crédit & de leur autorité ; le

---

(1) J'ai vu la lettre d'un célebre brouillon de nos jours, à qui l'on a la bonté de croire de l'esprit, & qui après avoir renversé la marine, écrivoit à un des chefs de ce corps, en lui recommandant le maintien de l'harmonie entre l'épée & la plume, c'est-à-dire, la subordination absolue de celle-là à celle-ci : *ce grand principe base de l'administration....* Cela feroit rire si cela n'étoit pas infame.

dernier coup enfin, & le plus sûr qu'on leur ait porté depuis, a été d'en augmenter le nombre jusqu'à la dérision.

La quantité des grades qu'on a inventés n'est qu'un échelon pour faire parvenir un ignorant; & une barriere propre à faire perdre son tems à un homme de mérite; (1) c'est aussi la maniere la plus sûre d'éteindre toute considération pour le métier que l'on avilit ainsi.

Le fameux Bayard ne fût capitaine d'hommes d'armes, qu'après les services les plus importans, les plus longs & les plus signalés. Simple soldat, il étoit plus considéré que ne le seroit aujourd'hui le Connétable.

On a donné un uniforme aux Officiers Généraux, sans penser qu'on avouoit par cette bizarre prérogative que les Officiers Généraux sont des êtres inconnus aux soldats; il est aisé de juger quelle est la confiance qu'un soldat peut avoir dans des chefs qu'on est obligé de lui désigner par une marque distinctive, sans laquelle il ne les eût pas connus.

Mais qu'importe un tel avilissement au Despote & à ses exacteurs? il leur faut une milice pour soutenir leurs *douanes*, pour inspirer la terreur, & faire respecter leurs spoliations. Ils n'ont pas besoin de légions de citoyens, redoutables aux seuls ennemis de l'Etat, & commandées par des chefs considérés & dignes de l'être; on ne

(1) Dans la Marine de France, par exemple, nous n'avons eu de grands hommes que ceux qu'elle a reçus tout formés. Ces échelons immenses la dégradent.

veut

veut qu'écarter du métier des armes tous les notables, intéressés à la chose publique, & ses défenseurs nés; les uns seront chassés, les autres dégoutés, ceux-ci pervertis, ceux-là gagnés, & tous si dénués de considération & d'autorité réelle qu'ils ne pourront rien qu'en faveur du Despotisme qui les soudoie.

Ainsi par les progrès & les suites de l'ambition des ministres, il ne nous est resté que des titres & le cadavre de toutes les anciennes dignités de notre monarchie : l'intrigue de Cour, la faveur, (c'est dire à-peu-près les vices) ont reçu les recompenses dues à la vertu : des hommes vils, mais adroits dans l'infame métier de flatter, ne se sont pas élevés aux dignités; ils les ont fait descendre jusqu'à eux : dès-lors l'estime & le respect réel s'en est éloigné; cette marche étoit inévitable, *car jamais personne n'a exercé avec gloire un pouvoir acquis par des moyens infames.* (1)

Un des plus grands délires, en fait de gouvernement, c'est de vouloir séparer l'autorité de la force & de la grandeur; (2) si l'on sépare l'autorité, de la force, celle-ci s'énerve, & si elle vient jamais à se réveiller, c'est pour tout rompre.

Toutes les entreprises des ministres ont donc

---

(1) *Nemo enim unquàm imperium flagitio quæsitum bonis artibus exercuit.* (Tacit. hist.)

(2) Je crois que la plus ridicule & la plus frappante preuve que nous en fournisse l'histoire, est celle du Parlement de Paris, rendant des arrêts contre des armées; comme on le vit du tems de la Fronde.

concouru à diminuer les ressorts de la véritable autorité, en dépouillant & avilissant les particuliers sur lesquels elle étoit départie.

L'amour-propre, moins flatté d'avoir des grandes places absolument dénuées de crédit, & qui n'étoient plus, dans le fait, qu'un sujet de tracasseries inquiétantes & dangereuses, s'est replié vers d'autres ressources & d'autres objets. *La cupidité* a pris la place *de l'émulation* : il a fallu de l'or pour contenter les cupides. Tous se sont approchés du séjour des graces, plus aisées à obtenir par l'habitation des capitales que par des services réels.

Ce nouveau piege vers lequel on s'est précipité, est bientôt devenu par cette raison le ressort favori des ministres. Si l'œil du maître fait valoir la terre, on peut juger quel est l'effet du gouvernement qui transporte tous les propriétaires hors de chez eux. Une pareille manœuvre doit également détruire les richesses territoriales & les mœurs. (1)

Aussi les restes d'émulation & de véritable noblesse qui existoient en France y furent-ils bientôt détruits.

Une foule de valets, décorés par des titres qu'ils ont avilis, veillent autour de la fortune, & en interdisent les avenues : la gravité, la dignité de mœurs, la force militaire, la sévere &

(1) C'est en 1549, qu'on vit le premier Edit qui fixe les bornes de Paris. En 1672, Louis XIV les fixa de nouveau. La ruine du reste du royaume les établira mieux encore.

délicate intégrité, les ſeules vertus qui rendent un homme digne du commandement, ne menent plus aux gouvernemens des provinces ; de vils adulateurs qui entourent le trône, les ont uſurpés : ils prodiguent les baſſeſſes & les importunités, & les font accorder à ce prix à leurs enfans encore jeunes, ſans mérite, ſans ſervice, ſans expérience : ainſi *les dignités* ſont devenues *héréditaires*, quoique relatives à l'Etat, (invention, pour le dire en paſſant, la plus abſurde & la plus ridicule qui ait été faite.) L'habitude d'une longue ſervitude à la Cour, aſſure les récompenſes les plus flatteuſes, qui ſeroient dues aux ſervices réels, & perſonnels : à un certain nombre de familles plus diſtinguées dans l'ordre de la nobleſſe par la profeſſion de *courtiſan* que par leurs titres perſonnels, & preſque également avilies par leurs profuſions inſenſées & leur ſordide & ambitieuſe cupidité. (1)

Un ancien (2) diſoit que l'homme *s'éprouve par l'or*, & c'eſt une vérité de tous les âges & de tous les pays. On peut tout attendre, excepté la vertu, des hommes qu'on tient dans la vile dépendance de l'intérêt.

Les miniſtres, pour mieux régner, ont donné les grandes places à des *mercenaires* (3) *inconnus*,

(1) On peut bien appliquer aux courtiſans ces traits expreſſifs dont Salluſte peignoit Catilina : *alieni appetens, ſui profuſus*.

(2) Chilon, l'un des ſept ſages de la Grece, qui diſoit : *que l'or s'éprouve par le feu, & l'homme par l'or*.

(3) Et pour mieux aſſervir les peuples ſous ſes loix,

[1] qu'ils étoient bien sûrs d'inspirer & de conduire à leur gré, & qui ont mieux aimé s'assurer une existence pécuniaire & vendre leurs droits que les soutenir. Le gouvernement, déja absorbé par une infinité de détails, surchargea encore toutes les parties de l'administration : de *regles*, *de réglemens*, *d'instructions*, *d'ordonnances* : pour ne rien laisser à personne ; aussi le prince *Eugene* disoit avec beaucoup de génie à Malborough, ,, vous aurez pris la moitié de la France avant ,, que les commandans des frontieres & des pro-,, vinces aient eu des nouvelles de la Cour ; ,, ainsi allez en avant ; " Eugene sentoit que les hommes qu'un Despote met en place sont des automates, & qu'il n'est rien de plus foible qu'une cour qui veut tout ordonner & tout régler. Un bon roi réprime l'abus qu'on fait de l'autorité qu'il confie ; mais quel titre donner à celui qui présuppose toujours l'abus ?

Des ministres auxquels tout ressortissoit, ont été obligés de s'entourer *de scribes* ; & cette nouvelle maniere de gouverner a troublé toute la société, en élevant de toutes parts des parvenus, en donnant des exemples fréquens

---

Souvent dans la poussiere il leur cherche des Rois.

[*Racine.*]

Ce trait sublime qui peint si bien Alexandre, indique la marche de tous les despotes, Rois ou Ministres. Observez l'administration de Louis XI, &c. Je ne cite jamais que des tems reculés, je ne sais pas l'histoire moderne.

[1] Il faut distinguer les idées ; car tel cordon bleu ; tel Duc & Pair, tel.... est un mercenaire *très-connu*, mais cependant un *mercenaire*.

de fortunes injustes & rapides, en multipliant les moyens de corruption, les objets de l'adulation; en offrant de nouvelles voies aux intrigues, à la cabale; en semant, de nouveaux obstacles, les avenues de la justice; en étouffant la voix de la liberté; en introduisant dans l'ordre civil l'espionage & la délation, qui ont répandu partout la méfiance, l'hypocrisie, la flatterie servile; (1) en livrant les finances à un nouveau gaspillage, voilé sous une infinité de formes & de papiers; & enfin en subvertissant le militaire; ce qui est bien singulier, à cause de la différence des analogies.

Cette manie de la plume, qui date de Mr. Colbert, est parvenue à un point presque inconcevable; bien loin que l'administration ait changé à c t égard, elle s'est appésantie: *les papiers & les détails* ont tout absorbé; l'on ne sauroit faire sergent le plus brave & le plus expérimenté soldat, s'il ne sait écrire; le *Major*, homme *de détails*, autrefois sans commandement, & ne portant pas même *le hausse-col*, marque distinctive de l'officier, est actuellement *Officier supérieur*.

Le secretaire d'un de ces *espions décorés*, que l'on appelle *inspecteurs*, & qui ont introduit dans le militaire le Despotisme le plus minutieux & & le plus avilissant, a plus de papiers que n'en avoit autrefois le ministre de la guerre. Avec

---

[1] La cour est un pays où l'on ménage tout, parce qu'on y connoit les fortunes subites.

la plume on gouverne absolument, & sans appel (1) le militaire comme toutes les autres parties de l'administration.

Quand le premier pas est fait dans ce genre, les *détails* vont toujours en croissant. Chacun de ces détails demande un *homme*, parce que chaque homme demande une *place*; les papiers se multiplient; il faut *des aides aux détailleurs*, & cela se subdivise à l'infini; parce que les *détailleurs* font *les détails*, les *affairés* font *les affaires* & les *écrivains* font *les écritures*.

Le marquis de Louvois avoit deux premiers commis: on a vu dix-sept chefs au bureau de la guerre; chacun desquels avoit au moins dix ou douze commis, & je ne doute pas que le nombre n'en soit augmenté; mais cette multitude de papiers donne-t-elle & peut-elle donner à ces *ministres scribes* la connoissance de la guerre, & *cet instinct*, pour m'exprimer ainsi, qui fait qu'en regardant un jeune soldat, le *vétéran* voit de quoi il est capable? Ces cartons immenses dévoilent-ils l'esprit des militaires, les mouvemens de leurs cœurs, leurs mœurs, leur maniere de penser, leurs idées, leurs préjugés, leur sorte de gloire, & enfin les divers replis de leur ame? C'est ce qu'un vieux militaire sait & découvre sans s'en douter, & ces *menus ressorts*

---

[1] L'on peut remarquer à ce sujet dans les gazettes recentes, qui détaillent la position des quartiers d'hiver des différentes troupes en Corse, que le nom du commandant ne s'y trouve jamais; mais qu'on y lit exactement que *telle* ou *telle troupe* est sous la police de M. le commissaire un *tel*.

ſont ceux qui donnent le branle à la machine. Toute l'inſtruction poſſible, acquiſe par les *notes*, équivaut-elle à cette ſorte d'expérience?

Mais qu'importe encore une fois, pourvu que ces notes & ces écritures ſoient le prétexte d'un gaſpillage démeſuré d'argent, & le voile des friponneries des *miniſtres* & des *ſous-miniſtres*? car enfin on n'emploie pas les hommes ſans les payer; & ſur-tout on ne leur donne pas impunément l'exemple du pillage.

Ainſi, l'on a tout fait *par l'or* & *pour l'or*; *par des richeſſes*, dit Montaigne, *on ſatisfait les ſervices d'un valet, la diligence d'un courier, le danſer, le voltiger, le parler, & les plus vils offices qu'on reçoive; voire & le vice s'en paie, la flatterie, le maquerellage, la trahiſon*.... par des richeſſes on a ſatisfait depuis des magiſtrats, des maréchaux de France, des princes du ſang. Au prix de l'honneur on a ſubſtitué l'or; il a fallu qu'il ſuppléât à l'autorité, à l'émulation, à la vertu, à tout enfin: il en a beaucoup fallu pour remplacer toutes ces richeſſes morales; les hommes qui ont ſu l'arracher par parcelles, & à leur profit, des mains des ſujets, afin de le revendre en groſſes maſſes & bien chérement au ſouverain, (funeſte ſcience, trop facile à acquérir lorſqu'elle eſt encouragée): ces hommes, s'il eſt permis de leur donner ce nom, ont prévu le beſoin qu'on avoit d'eux; & *leurs tréſors*, qui *n'étoient pas leurs tréſors*, & qui avoient détruit cent fois plus de richeſſes qu'ils n'en recéloient, leur donnerent bientôt une exiſtence: le luxe a volé ſur leurs pas.

L'existence d'un homme de mérite est la critique la plus sévere de tout homme qui n'en a pas ; & voilà pourquoi les sots & les frippons persécutent sans cesse. *L'éclat même de la vertu*, dit Tacite, *irrite* (1) *les méchans ; parce qu'elle les démasque & les condamne.* Aussi fut-il bientôt dangereux de paroitre par les choses qui devoient donner une distinction réelle. L'envie de se distinguer, passion inextinguible dans le cœur des hommes, les a bientôt décidés à chercher les distinctions frivoles, plutôt que de n'en avoir point [2]. Lorsque les richesses acquierent dans l'opinion & dans le fait la prééminence ; lorsqu'elles sont le chemin de la considération, des honneurs, [3] du crédit, de l'autorité, *la pauvreté*

---

(1) *Etiam gloria ac virtus infensos habent, ut nimis ex propinquo diversa arguens.* (Annal. traduit de M. d'Alembert.)

(2) Celle d'être un honnête riche & heureux propriétaire en vaudroit bien une autre, mais tout-à-l'heure on ne pourra plus être cela ; & les spoliations du Fisc chasseront de leurs terres ceux qui ont eu le bon sens de s'y retirer. Bien sage cependant sera celui qui s'efforcera d'être plus habile que le Fisc n'est avide, & qui s'en tiendra à la considération rurale, la seule qu'un honnête homme puisse desirer & acquérir aujourd'hui. Il se trouve qu'au moyen de la tournure qu'a pris le service militaire en France, la haute noblesse féodale a échangé une considération solide &, pour ainsi dire, héréditaire, quand les races se conduisent décemment, contre la considération de quelques lignes de gazettes que tous les êtres inutiles lisent dans les cafés. Je crois que s'il revenoit des tems, où une famille noble eût besoin de la considération du peuple pour les soutenir, des vassaux qui ne savent pas lire la serviroient mieux que tous les lecteurs de gazettes de l'Europe.

[3] On connoit le jeu de mots d'Owenn, assez mauvais, mais qui renferme un grand sens.

Divitias & opes hon *lingua hebræa vocavit :*
Gallica gens, aurum, or, *indeque venit honor*

devient *un opprobre, l'intégrité & le désintéressement sont regardés comme les vertus des sots, & deviennent le juste objet d'aversion des habiles.* [1] Nous craignons en général plus les ridicules que les vices; aussi trouve-t-on rarement des gens d'honneur dans un pays où l'intérêt personnel leve assez le masque, pour qu'on qualifie de *sot* l'homme *désintéressé.*

„ Tel homme a un grand train, dit Montai„ gne, un beau palais, tant de crédit, tant de „ rentes; tout cela est autour de lui, non en „ lui; " sans doute; mais les hommes ont, dans tous les pays & dans tous les âges, jugé les hommes *par leur autour*; & ceux-là même qui se récrient sur cette folie, se prennent à cette illusion que ses propres succès prolongent.

Telle est depuis long-tems notre maniere d'être. Fouquet disoit : *j'ai tout l'argent du royaume, & le tarif de toutes les vertus.*

Les grands propriétaires, *notables* & *Magnats* dans leurs provinces, excités ou par une ostentation ou par des projets de cupidité, ont apporté dans la capitale des ronces dorées. Le besoin & la soif de l'or a corrompu tous les rangs & tous les états : le luxe est le dérangement, la ruine générale; le déplacement de tous les citoyens a donné l'existence à une foule de parvenus.

---

[1] C'est la marche constante de la cupidité.
Postquàm divitiæ honori esse cœperunt, & eas gloria, imperium, potentia sequebatur, hebescere virtus, paupertas probro haberi, innocentia pro malevolentia duci cœpit. (Sallust. Catilin.)

Cette ſorte d'hommes étoit bien la plus propre aux vues du gouvernement; auſſi ont-ils occupés preſque toutes les places : l'autorité entre les mains d'un parvenu le rend inſolent, & s'il ne l'étoit pas il paroîtroit encore tel. Un inſolent prend aiſément de l'humeur, & ſur-tout le ton & le vouloir abſolu, ces hommes nouveaux, à qui l'autorité échappoit ſans ceſſe, ont voulu gouverner ſans aucune regle, par *la terreur*, par *les lettres de cachet*, par *les ordres arbitraires*; & *les formes* ont été un foible & dernier retranchement contre les coups d'autorité : retranchement toujours forcé ſans peine, & néanmoins toujours odieux aux *Viſirs* comme au *demi-Viſirs*.

L'ébranlement général a multiplié les ſecouſſes : tout s'en eſt reſſenti : juges aveugles que nous ſommes ! nous les avons attribuées *à quelques frippons ſubalternes* entre les mains deſquels flottoit le timon. [1]

Une taupe perce la chauſſée qui retenoit un grand lac, l'étang déborde, les pays voiſins ſont inondés & ravagés; la taupe eſt-elle donc la cauſe de tous ces dégâts.

Les véritables taupes ſont ceux qui voient ainſi : vous prenez les effets pour les cauſes. Tout vient du gaſpillage d'argent, de l'introduction de la cupidité, du ferment de la corruption fomentée par le gouvernement, qui n'a plus ni la force ni le talent néceſſaire pour re-

---

[1] Les Terray, les Maupeou.

médier aux maux qu'il a faits, quand il en auroit la volonté.

Obligé de tout acheter, de tout gager, ses soins ne roulent plus que sur les moyens de se procurer le métal que sa profusion épuise.

Mais l'ignorance des administrateurs ne leur permet pas de saisir ceux qui leur en procureroient ; leurs manœuvres, loin de verser réellement de l'argent dans le trésor, l'empêchent chaque jour de plus en plus d'y arriver : il n'est resté de ressources que de vendre tout ce qu'on a pu du capital de la nation, & l'on n'a trouvé d'acheteurs que ceux qui s'étoient déja enrichis des dépouilles publiques [1] ; c'est avec eux qu'on a traité : on les a mis à portée *de voler* la moitié du royaume, & l'on s'est trouvé ensuite trop heureux qu'ils voulussent bien *acheter* l'autre, aux conditions qu'il leur a plu de fixer. Il n'est pas étonnant qu'ils soient à-peu-près demeurés les maîtres de tout. Il l'est encore moins que le gouvernement se trouve forcé de friponner & de dépouiller ceux qui l'avoient pillé si long-tems.

Tel est le fisc, *lion dévorant & insatiable* ; point de modification avec lui, sa destruction ou celle

---

[1] L'Empereur Claude se plaignoit que son trésor étoit épuisé : on dit alors ,, qu'on l'auroit prodigieusement rempli, ,, si *Narcisse* & *Pallas* (deux affranchis qui gouvernoient ,, alors l'État) l'avoient *admis au partage de leurs richesses*.

,, Sous le ministere du cardinal Mazarin, le surintendant ,, disoit, lorsqu'on manquoit d'argent, qu'il n'y en avoit ,, pas dans le trésor, mais que le cardinal en prêteroit au Roi.

de l'Etat : cela eſt inévitable. Tous les tems, tous les pays, tous les climats ont vu les mêmes maux, ouvrages des *Publicains* : ils ont toujours commencé par être vils ; ils ſont toujours devenus juges dans leur propre cauſe (1) ; enfin oppreſſeurs à découvert de l'humanité, deſtructeurs des mœurs, (2) déprédateurs de l'Etat par métier. Les introduire chez ſoi, comme a fait il il y peu de tems le Roi de Pruſſe, c'eſt élever le louveteau dans la bergerie ; ou plutôt, c'eſt effectuer, ſur tout un peuple infortuné, cette imprécation terrible que Junon irritée lançoit contre les Troyens : *Acheronta movebo.*

Telle eſt auſſi l'autorité avide & inſenſée, qui creuſe de ſes propres mains ſon tombeau, (3) qui offre ſa nation au bec dévorant du vau-

---

(1) En 1773, un arrêt du conſeil déboutant les officiers municipaux des villes de la généralité de Metz, des oppoſitions faites à l'arrêt du 13 ſeptembre 1772, qui ordonnoit les 8 ſols pour livre, [nouveau nom donné à une de ces taxes, qui, comme Protée, reparoiſſent ſans ceſſe & en même tems ſous mille formes diverſes] ; un arrêt du conſeil, dis-je, ſupprime un imprimé ayant pour titre : *mémoire des maire, échevins & notables* de la ville de *Verdun*, *contre l'adjudication des fermes générales*, COMME TENDANT A RENDRE LA RÉGIE ODIEUSE, *&c.* Ainſi nous devons reſpecter les avides *ſang-ſues* que l'autorité arbitraire & ſpoliatrice déchaîne contre nous.

(2) Tacite en parlant d'une tribu des Germains, peuple qui auroit cru attenter à ſa liberté, s'il ſe fût ſoumis à payer un impôt ; s'exprime ainſi : *nam nec tributis contemnuntur nec publicanus atterit*, [de mor. Germ. c. 9.] & dans un autre endroit [ibid.] *Gothinos gallica oſos pannonica lingua coarguit non eſſe Germanos, & quòd tributa patiuntur.*

(3) La fiſcalité eſt à-peu-près telle que nous venons de la peindre au Mexique, la poſſeſſion Eſpagnole la mieux adminiſtrée, dit-on ; auſſi l'on y reſſent les mêmes effets ; & l'on

tour, dont elle-même eſt bientôt la proie ; car enfin les Souverains, comme les autres hommes, & bien plus que les autres hommes, n'ont d'exiſtence relative que celle qu'ils reçoivent de leurs ſemblables. *Rien n'eſt plus grand & n'eſt plus petit qu'un Roi.* Je ne ſais qui a dit cette vérité mais tous les Princes devroient la comprendre, la méditer & la retenir ; un Roi qui ſe compte pour tout, & ſes ſujets pour rien, déſintéreſſe bientôt ſa nation. Or, dans un état il y a remede à tout, excepté au changement dans la façon de penſer des ſujets, qui ſont bien plus réellement ſoumis à l'empire de l'opinion, qu'à tout autre auquel il n'eſt point d'hommes qui ne ſache ſe ſouſtraire, quand il veut.

Les François, ce peuple généreux, fidele & guerrier, ſecouerent ſous Charles VII le joug des Anglois, parce qu'alors les François avoient honte d'être ſoumis à tout autre, qu'à celui à qui la loi qu'ils s'étoient faite eux-mêmes les ſoumettoit ; alors ils juroient à leur Roi une fidélité inébranlable ſur leur épée, [1] gage redoutable du ſerment le plus reſpecté. Si quelque génie prophétique eut dévoilé l'avenir, il auroit pu dire au Roi :

---

aſſure que le Roi d'Eſpagne qui a acheté, & qui paie par tant de compenſations & de ſacrifices cette immenſe poſſeſſion, ne retire du Mexique que 1200000 piaſtres.

[1] *Et ſi gens armata per arma jurat jure ſuo, ſe quoque juro ligat.* [Venantius Fortunatus, lib. 6. poem. 11.]

Les hommes libres chez les Germains & les Francs, étoient les ſeuls qu'on pût appeller pour ſervir à la guerre, & l'eſclave ne pouvoit prétendre à un pareil honneur. [*Voyez Mur. Antiq.*]

„ L'épée de vos ſujets vous a remis ſur le „ trône ; elle ſaura vous affermir ; elle ſaura „ vous y défendre envers & contre tous. Mais „ ſi jamais on nous accoutume à obéir d'une „ façon purement paſſive ; il nous ſera fort égal „ de rendre cette obéiſſance à qui que ſoit. „ L'Etat penchera vers ſa ruine, ſans que nous „ daignions nous en occuper : l'eſprit de mécon- „ tentement & de dégoût effacera bientôt juſ- „ ques au ſouvenir des humiliations étrangeres ; „ on en viendra juſqu'à s'en vanter, pour ſe „ faire, indirectement du moins, juſtice de l'ad- „ miniſtration, en dévoilant ſes fautes ; & bien- „ tôt enfin on verra les Anglois, tant de fois „ repouſſés & contenus, donner des ordres dans „ les ports d'une nation dont ils n'auroient ja- „ mais dû pouvoir être les rivaux.... "

Pardonnez, ô mes compatriotes, ſi je n'ai pu contenir une juſte indignation ſur l'impunité d'un pareil affront ; (1) ſon ſouvenir eſt trop récent ; le poids de notre aviliſſement m'écraſe. Pourquoi l'impérieux & deſpotique Louis XIV ne peut-il ſortir de ſa tombe, & contempler l'étonnant parallele des François expulſant les Anglois du royaume ſous Charles VII, rachetant à ce Prince la couronne au prix du ſang de ſes ſujets, & de ces mêmes François, éga-

[1] Pourra-t-on effacer jamais, des faſtes de la France, qu'en 1773 trois vaiſſeaux de guerre ſont partis déſarmés de Toulon pour aller à Breſt, ſucceſſivement, & à quinze jours de diſtance, avec la défenſe la plus expreſſe de relâcher en Eſpagne. On ſait, &c. &c.

lement avilis dans leurs ports, par leur propre administration & par les ordres d'une puissance rivale ; le remords d'avoir contribué à une pareille révolution seroit pour lui l'implacable furie que je voudrois déchaîner contre les tyrans.

J'ai dit que les formes étoient un foible retranchement contre les coups d'autorité ; & la rapidité de la gradation que j'essayois de tracer, m'a empêché d'appuyer sur ce principe ; mais il est aisé de sentir que la résistence, & même la volonté de résister aux coups du Despotisme, s'affoiblissent dans un Etat, en raison de ce que l'autorité arbitraire y fait plus de progrès. Tout est corrompu : la fermeté s'est évanouie ; le courage n'existe plus ; & l'industrie ne roule plus que sur les moyens de s'arroger la plus grande partie du Despotisme que l'on puisse atteindre. Séneque a dit : *injuriam fortis non facit ; ingenuus non fert ;* & cette maxime est belle & vraie. Le Satrape Otanès, qui renonçoit à l'empire, sous la condition d'être indépendant ; pensoit véritablement en homme. Il ne vouloit ni commander ni être commandé dans un état despotique. Un homme d'honneur est aussi incapable d'attenter à la liberté du tiers, que de laisser tranquillement asservir la sienne ; mais un homme d'honneur est presque un être de raison dans un gouvernement despotique, ou du moins un être inutile & ridicule, s'il n'est pas dangereux. C'est une plante *exotique*, que l'on auroit bientôt arrachée, si l'on pouvoit redouter sa fécondité.

Dans le Despotisme, il n'est point d'autres moyens d'échapper à la servitude, que d'être le satellite de la tyrannie. D'ailleurs le desir de l'autorité, cete épidémie la plus générale de l'humanité, gagne tous les rangs & toutes les places. Les corps intermédiaires opposés au régime arbitraire, énorgueillis d'être les dépositaires de la liberté publique, (1) deviennent avec de bonnes intentions même, deviennent, dis-je, tôt ou tard, mais toujours, esclaves ou despotiques; ils servent au Despote, ou le renversent, ou sont renversés par lui. Cette marche est à-peu-près inévitable.

Ainsi tout devient dangereux quand le pouvoir arbitraire a jetté des racines.

Ainsi pour citer un exemple plus civil & plus frappant & plus rapproché, les loix civiles & les loix politiques ont en France un esprit contradictoire.

(1) Il n'est pas inutile d'observer ici, qu'anciennement en France tous juges, de quelque qualité qu'ils fussent, étoient responsables de leur jugement. Depuis, cette coutume fut restrainte & limitée aux juges subalternes, qui n'étoient pas juges royaux. [*Voyez Etienne Pasquier, recherc. sur la France, l. 2. cap. 4.*] „ Jusqu'à ce que finalement, ajoute-„ t-il, cette maniere s'est du tout annihilée entre nous, ne „ nous étant pas demeuré pour remarque de toute cette an-„ cienneté, que les paroles sans effet; car encore que nous „ fassions adjourner les juges comme vraies parties, si est „ que cela se fait à présent tant seulement pour la forme, „ demeurant dans la personne de l'intimé les frais & hazard „ des dépens; & à la mienne volonté que cette ancienne „ coutume eût repris sa racine en *nous pour bannir les ambitions* „ *effrénées* qui voguent aujourd'hui par la France, en matiere „ de judicature. "

tradictoire. La loi civile est pleine de formalités prescrites pour la sûreté des biens & des personnes des citoyens. La loi politique n'a en vue que l'exécution prompte & une obéissance aveugle, sans égard aux droits, aux privileges, & même à la vie des sujets. Quand la balance pourroit rester égale, ce qui n'est pas dans la nature, cette opposition entre ces deux portions de la loi, rend l'état du François pire que celui du Turc; puisqu'il craint d'un côté tous les maux du Despotisme, & de l'autre les lenteurs républicaines; les Turcs courent en foule demander la tête du Visir qui les opprime, & ils l'obtiennent.

Tout homme éclairé m'arrète ici sans doute, m'accuse d'erreur ou de foiblesse, & s'écrie: „ cette opposition existe, & nous en sommes „ la proie; mais elle n'est que le combat de l'u„ surpation contre la loi, & non *la contradiction* „ des deux portions de la loi mal combinées."

Sans doute, & le torrent de la servitude m'entraine: cette crainte de la tyrannie, qui dès les premiers âges emprunta le voile de l'apologue, pour rendre supportable l'austere vérité, altere aussi mon langage.

La plus belle contrée de l'Europe, la France notre patrie, cette fille chérie de la nature, dont les richesses sont inconcevables, & les ressources sans nombre, nous offre les tristes effets de l'autorité absolue, l'air qu'on y respire n'est plus celui de la liberté. On ne peut ni décrire ses maux, ni déplorer sa situation; les plaintes même y sont interdites: quand l'autorité tutélaire est despotique & menaçante, la *liberté* devient *licence* : *la vérité* est *un crime*, & *le courage* un *danger* ; il n'est plus *permis* ni de *parler* ni *d'écouter*. * *Les délations nous entourent ; & nous eussions perdu la mémoire avec la voix, s'il étoit aussi bien au pouvoir de l'homme d'oublier que de se taire.*

Je ne prétends point développer ici les maladies intérieures dont la France est rongée ; je n'essayerai pas de peindre les angoisses domestiques. Je m'en abstiendrai ; par la raison qui empêchoit un grand historien de l'antiquité de raconter les succès d'un tyran ; & je dirai avec lui : " je m'arrête & je ne sais si je suis plus retenu par la honte ou par le chagrin que m'inspireroit une telle occupation. " (1)

Mais qui peut oublier le degré de considération & de puissance que nous avons acquis ou perdu tandis que les événemens publics nous le rappellent sans cesse.

Avant que de fixer nos regards sur ce triste parallele, arrêtons-nous un moment sur un reproche peut-être injuste, tant de fois répété à la nation, sans qu'on ait entrepris d'y répondre, & d'où l'on semble induire qu'elle devroit s'imputer elle-même la plus grande partie de ses malheurs & des vices de sa constitution.

L'on a souvent dit que les François étoient

---

* *Voyez l'épigraphe.*

(1) Salluste dit, à propos de Sylla : *nam posteà quæ fecerit incertum habeo. Pudeat magis an pigeat disserere.* [Hist. de Jugurth.]

légers, inconséquens, inconstans; [1] tous nos livres sont remplis de déclamations contre notre *frivolité*; on pourroit sans doute répondre beaucoup de choses à cette inculpation.

L'on pourroit dire, par exemple, que l'on ne sait peut-être pas assez que la frivolité est souvent l'annonce de l'esprit naturel; l'on ajouteroit encore, que la frivolité des François a pour cause principale l'ignorance si longue & si profonde dans laquelle ils ont été plongés. Une imagination vive, & qu'aucune opération ne fixe, doit nécessairement ôter à lesprit la consistance dont il seroit susceptible. Le gouvernement a toujours travaillé à augmenter cette frivolité qu'on prend pour le caractere distinctif de notre nation. Or les *types* nationaux disparoissent toujours sous les efforts du gouvernement. Les habitans de *Lutece* étoient sous *Julien*, penseurs, tristes & sombres, comme des habitans des marais. *Je les aime* disoit-il, *parce que leur caractere, comme le mien, est austere & sérieux.* Paris est devenu une capitale immense, le gouvernement y a concentré la France presqu'entiere; les François sont devenus & ont dû devenir frivoles : de même à la gravité Romaine, l'agrandissement de la Métropole & les efforts du despotisme firent succéder la légéreté & la

(1) ,, Quelquefois dans *César*, qui est un de nos premiers ,, parrains, pour ce regard, il est advenu de nous baptiser ,, de ce nom, dit Etienne Pasquier. "

frivolité que Juvenal reproche à ses compatriotes. [1].

Qu'on me permette encore une seule observation ; les peuples qui habitent les régions mitoyennes, doivent certainement avoir quelque ressemblance avec les peuples des climats extrêmes ; l'influence du climat, qui n'est pas sans doute aussi puissant que l'imaginoit M. de Montesquieu, mais qui cependant laisse des traces profondes sur les hommes ; l'influence du climat doit donc multiplier les nuances, loin de donner un caractere distinct à ces peuples ; mais s'il se trouve encore que la fertilité de la terre, l'ambition des voisins, ou d'autres causes aient dirigé dans ces contrées plusieurs invasions, tantôt des peuples du nord, tantôt de ceux du midi, chacun de ces peuples conquérans y aura laissé nécessairement des enfans & une partie quelconque de ses usages.

De tout ce mêlange de *sang* & *d'usages*, il doit naturellement résulter une inconstance très-mobile dans le corps de la nation, & dans chacun des particuliers qui la composent ; car chacun de ces particuliers a peut-être dans la composition de son individu du sang de dix nations différentes, de climats & de mœurs.

Voilà précisément ce que sont les François ; ils ont un sang très-mélé, très-heureusement modifié par le meilleur des climats, mais absolument bouleversé & presque dénaturé par une

[1] 10 Satyre.

administration inouie dans toute l'Europe.

Quoi qu'il en soit de notre frivolité, passons condamnation, si l'on veut, peu nous importe : en quoi cette frivolité peut-elle avoir influé sur l'administration publique?

Les François, légers, inconséquens, inconstans, n'ont jamais ébranlé leur constitution. Cette inconséquente légéreté a toujours été compensée par leur industrie, leur activité, leur esprit, je dirois leur *bonhommie*, si l'on pouvoit s'exprimer ainsi ; les guerres civiles, le soulevement du corps entier de la nation, fruit de l'ambition effrénée ou de l'implacable fanatisme, n'ont jamais autant nui à la puissance de la France, que les regnes des princes ou des ministres qui ont visé au despotisme : rappellons-nous que le fier St. Gregoire écrivoit dans le 6e. siecle à Childebert II, Roi d'Austrasie : „ autant que la dignité de Roi éleve au-dessus des autres hommes celui qui la possede, „ autant la qualité de Roi de France éleve au-dessus des autres Rois ceux qui en sont honorés. „ Suivons ensuite les continuels vestiges de cette immense considération, & ne perdons pas de vue que 500 ans de trouble avoient laissé cet état si redoutable à l'Europe, qu'elle se ligua presque entiere contre Louis XIV.

Le calme le plus profond dans l'intérieur pendant cent ans, fruit de l'engourdissement de la nation, minée par les manœuvres du ministre, qui tenoit les rênes du gouvernement, administrateur foible & arbitraire, hypocrite & intrigant comme un prêtre ambitieux ; cent ans de calme, dis-je, ou plutôt d'une perfide bonace, ont abattu la puissance & détruit la considération dont ce vaste & redoutable empire avoit joui si long-tems. Ses rois, autrefois Suzerains d'une isle de l'Europe [1], qui fut la conquète d'un des vassaux de leur couronne, reçoivent sur leurs murs & presque dans leurs ports, la Loi de ce pays, si long-tems notre tributaire, & sur lequel la nature nous prodigua tant d'avantages.

Nous avons vu l'un des états de l'Empire, dont le Souverain fut à peine admis aux honneurs de la cour du redoutable ennemi de la Hollande [2], affronter toutes les forces de la France réunies à celles de ses plus redoutables voisins. „ Que dites-vous, écrivoit ce Prince „ habile, mais qui doit tant à nos fautes; que „ dites-vous de cette ligue qui n'a pour objet „ que le Marquis de Brandebourg? Le grand „ Electeur seroit étonné de voir son petit-fils „ aux prises avec les Russes, les Autrichiens, „ presque toute l'Allemagne, & cent mille Fran- „ çois auxiliaires; je ne sais s'il y aura de la „ honte à moi de succomber; mais je sais qu'il „ y aura peu de gloire à me vaincre.

Qu'est-ce donc qu'ont gagné nos maîtres, en voulant nous asservir? & combien ils ont diminué de leur puissance réelle en avilissant leur nation!

---

[1] Le territoire de l'Angleterre est à peine le tiers de celui de la France; & la population y est à peu-près la même.

[2] On sent bien que je ne prétends parler ici que de l'étiquette entre un Roi & un Electeur.

Il seroit facile de développer les causes d'une révolution si rapide & si humiliante; on peut même les indiquer dans une ligne :

Le Fisc & l'autorité arbitraire nous ont successivement assaillis.

Tout est renfermé dans ce peu de mots.

La vexation des barrieres, la tyrannie des lettres de cachet, l'illégalité de la levée des deniers, le scandale des prodigalités, la violation de toutes les propriétés remplacent la considération du gouvernement : les gouvernemens se mesurent comme les hommes : s'ils prenent & affectent un ton haut & dur, c'est qu'ils craignent qu'on ne le prenne avec eux : ainsi les Romains, opprimés au dedans, furent vaincus au dehors, & bientôt les Empereurs devinrent les brigands de Rome, & cesserent d'être les maîtres du monde....

Mais le péril imminent de tracer ici des vérités affligeantes & dangereuses, peut-il être composé par l'espoir d'opérer quelque bien ? Cette illusion chérie des ames sensibles, est presque enlevée à qui réfléchit sur notre situation.

Jamais, jamais mon cœur ne sera flétri par une honteuse déférence pour le Despote. Jamais mes levres ne seront souillées par un infame hommage rendu au Despotisme ; [1] mais que

[1] C'est un engagement que peu d'écrivains oseroient prendre sous un gouvernement arbitraire ; le plus flatteur que donne Tacite à Pison, chef des Pontifs, c'est de l'appeller, *nullus servilis sententiæ sponte auctor*.

peuvent pour ma patrie des vœux ſtériles & des reproches impuiſſans ? Quatre ſiecles bientôt révolus ont vu commencer & perfectionner l'ouvrage de ſon abaiſſement ; & dans quelques inſtans ſa ſervitude ſera conſommée. Nous pouvons nous appliquer ce que *Cicéron* diſoit à *Atticus*, en lui parlant des progrès de Céſar : *nous réſiſterons trop tard à l'ennemi que nous avons nourri ſi long-tems dans notre ſein.* (1) Notre enthouſiaſme pour nos Rois ; notre préſomption, & ſurtout l'ignorance ſi longue des droits de l'homme, nous ont fait courir au devant de nos chaînes ; elles étoient déja reſſerrées, que nous n'avions point encore apperçu celui qui nous en chargeoit.

Combien de fois n'a-t'on pas loué en France le miniſtere du Cardinal de Richelieu ; [2] ces louanges lui feroient très-juſtement acquiſes, s'il avoit été chargé de détruire la nation ; mais elles ſont la honte des François. Ce célebre inſtrument du Deſpotiſme, miniſtre d'un Roi foible, haineux & violent ; ce politique audacieux & ſupérieurement intrigant, qu'on ne jugea de ſon tems qu'avec des yeux obſcurcis par la terreur ou aveuglés par la haine, & que l'on n'apperçoit aujourd'hui que d'un regard faſciné par les préjugés ; le fameux Richelieu, ſi ſouvent

---

(1) *Serò reſiſtemus ei quem per decem annos aluimus contra nos.*

[2] Il n'y a que deux ans que M. Gaillard, dans un diſcours de réception à l'académie, fort bien fait, a oſé ne pas le louer indiſtinctement ſur tout ; il eſt le premier qui ait donné cet exemple de courage & de bonne foi.

exalté, peint tant de fois, & presque toujours si mal jugé, sappa par les fondemens le Gouvernement, qui fut trop long-tems entre ses mains pour le bonheur de son pays. Profondément occupé de sa gloire & sur-tout de son crédit, de sa puissance, de son Despotisme, auquel il sacrifia toujours & sans cesse tous autres motifs; il a feint de croire que les François étoient incapables de rester attachés à des regles fixes, & qu'ils avoient besoin qu'un maître absolu fixât leur mobilité.

C'est au milieu de ce peuple cependant que le restaurateur de l'empire d'Occident avoit jetté 800 ans auparavant les fondemens les plus solides d'un Empire que des Princes foibles, stupides, & des tyrans n'avoient pu renverser.

Ce n'est pas que Charlemagne, beaucoup plus élevé sans doute que l'homme d'Etat rival & persécuteur de Corneille, n'eût d'autant plus desiré peut-être le pouvoir arbitraire, qu'il étoit plus en état d'en supporter tout le faix; mais le conquérant & le législateur de l'Europe presqu'entiere, le fondateur de tant d'Etats, qui fit trembler sur son trône le singe abject des anciens Empereurs, comprit qu'il étoit impossible qu'un homme gouvernât seul un grand Etat; il sentit qu'il étoit également nécessaire pour les mœurs & pour l'autorité, d'établir une hiérarchie clairement indiquée par la Nature. (1) Charlema-

(1) C'est en effet un des maux du Despotisme, d'anéantir toute hiérarchie, & d'obscurcir toutes les nuances; tout le

gne fut le premier instituteur de *l'ordre féodal*, qui n'étoit auparavant lui qu'un chaos anarchique & contradictoire à toute espece d'ordre : il connoissoit bien sa nation, il connoissoit bien les hommes ; il sentit qu'on ne leur persuaderoit jamais qu'un seul pût donner sa volonté pour loi, & que le François ne méritoit pas que son maître conçût jamais un projet si barbare.

Cette idée, presque innée parmi les esclaves de l'Orient, n'étoit jamais venue dans la pensée des peuples libres du Nord, de la Germanie & des Gaules ; l'Europe, si l'on en excepte l'Italie & l'Espagne où la servitude fut introduite par Auguste, qui eut des successeurs après lui plus méchans que lui, parce qu'ils avoient moins de talens ; l'Europe, dis-je, ne connoissoit pas cet esprit d'esclavage qui s'y est depuis répandu, esprit qui a créé la *certaine science*, *pleine puissance*, *& le car tel est notre bon plaisir*, sorte de protocole qui fera regarder notre style par la postérité comme celui de la bassesse & de la servitude, & dont Juvenal, au centre de la tyrannie, avoit laissé le modele dans ce vers fameux :

Sic volo : sic jubeo : sic pro ratione voluntas.

Il arriva à l'ordre féodal la révolution ordi-

---

monde est également vil ; il ne sauroit y avoir alors ni supérieur, ni subalterne. Il est devenu impossible, par exemple, au soldat d'estimer ses officiers dégradés & avilis ; & dès lors il est au dessus de l'humanité de respecter par devoir ce qui n'est pas en effet respectable ; & il est au dessous de la brute d'oser concevoir le projet de faire estimer ce qui n'est pas estimable.

naire dans toutes les institutions humaines, c'est à dire que la balance pencha. L'autorité Royale fut trop affoiblie ; on ne doit point attribuer cette faute à Charlemagne ; des têtes foibles voulurent soulever l'énorme fardeau dont il avoit sagement déterminé le levier : le défaut général d'instruction & de principes rendoit sa législation insuffisante, du moment où elle n'étoit plus soutenue par le génie du législateur, mais il avoit senti sans doute que le Despotisme est l'ennemi le plus cruel de l'humanité, & même de l'autorité souveraine. Tout autre inconvénient étoit moindre.

Peut-être Richelieu n'avoit-il pas saisi cette belle idée, peut-être n'avoit-il pas assez de génie pour la concevoir ; il en falloit beaucoup, sans doute, pour modérer les écarts de ses passions & de son audace.

Le dernier effort de raison & d'humanité auquel un Souverain puisse atteindre ; tout ce que peuvent la vertu la plus pure & les talens les plus supérieurs réunis, la conduite du nouveau Roi de Suede nous l'offre & Trajan seul en avoit donné l'exemple (1). Gustave, assez hardi pour oser donner de justes entraves à la licence effrenée du Sénat de Suede , assez habile pour y réussir & pour établir un ordre fixe au sein de l'anarchie qui dévoroit sa patrie, a été assez

(1) Trajan offrit aux Romains de leur rendre leur liberté; il étoit revêtu du Despotisme ; mais celui qu'il s'acquéroit par cet acte de générosité n'étoit-il pas cent fois plus doux à exercer?

grand, assez humain, assez éclairé pour dédaigner le pouvoir arbitraire, lorsqu'il pouvoit le retenir; pour fouler aux pieds la vengeance & se dépouiller du glaive militaire, lorsque rien ne pouvoit l'arracher de ses mains, au moment même qu'il venoit d'échapper aux trames des factieux conjurés contre l'autorité tutélaire: oui, j'ose le dire, & cet hommage est écrit d'une main que ne souillerent jamais l'imposture & la flatterie, le nouveau Gustave est l'honneur du trône, & sera le héros de ce siécle.

Richelieu visoit au Despotisme personnel, bien plus qu'à augmenter l'autorité royale; il parvint à son but par des moyens hardis & sûrs. Il séduisit par la corruption, & effraya par l'activité de sa violence; son génie perçant, opiniâtre, fécond en ressources, indifférent sur la nature des moyens, ne se proposa jamais d'autres objets que de rendre arbitraire l'autorité qu'il avoit absorbée toute entiere; tout occupé de l'intérêt de sa puissance, il ne voulut pas voir qu'il ne pouvoit pas remplacer par la force & par des caprices, des loix fondamentales, (en France, comme en tout autre pays, parce qu'elles sont absolument nécessaires à tout société, & que le droit naturel est par-tout la base (1) de ce qu'on appelle *les codes* ou plutôt *les droits fondamentaux*); il n'apperçut pas que l'édifice ébranlé dans toutes ses parties s'écrouloit par une extré-

(1) Ce seul mot décide l'étonnante question sur l'existence des loix fondamentales.

mité, tandis qu'il cherchoit à l'étayer par l'autre; il aima mieux dire que le peuple, qu'il enchaînoit à son char (car la nation rampoit déja dans la servitude), n'étoit pas capable de suivre longtems le même systême, à moins que de prendre le seul que toute société puisse adopter; je veux dire *un bon Gouvernement*.

Mais comment espérer un bon Gouvernement dans les pays où l'administration est dirigée par l'opinion arbitraire d'un seul, où elle n'est point fixée par des principes invariables, & contenue par l'instruction qui rend générale la connoissance des loix naturelles, & leur infraction notoire? Quelle sorte de délire ne résultera pas de cette aveugle & avilissante subordination, que les langues esclaves ont désignée par ces mots dénaturés, *obéissance*, *devoir*?

Dans la nécessité de choisir, il faudroit préférer sans balancer une autorité foible & incomplete à un pouvoir illimité, dans quelque main qu'il soit déposé. L'autorité foible ne sauroit procurer sans doute un Gouvernement heureux & prospere; mais le Despotisme est affreux & ne laisse d'autre refuge que la mort, s'il parvient entre les mains d'un Prince féroce & stupide; (1) il est encore le régime politique le plus ef-

(1) Tacite dit après la peinture énergique d'une peste, qui avoit ravagé Rome, sous l'Empire de Néron. „ *Equitum senatorumque interitus, quamvis promiscui, minùs flebiles erant, tanquam communi mortalitate sævitiam principiis prævenirent.* " *Ainsi sous le regne d'un tyran*, dit Gordon, *la peste étoit un bonheur.*

frayant, quand le Prince ne seroit que peu éclairé; il est trés-redoutable sous un Despote habile, quoiqu'en ait écrit le Roi de Prusse, qui sans doute avoit ses raisons pour établir les principes contraires (1); car alors le Despotisme en devient plus absolu, & son successeur peut, & doit être un mauvais Prince.

Dans cet ordre féodal, dont on a tant médit, c'étoit du moins une maxime constante, que *nul homme ne pouvoit être taxé que de son consentement.* Ce principe renferme le premier droit & le premier garant de la liberté, car les Despotes corrompent & séduisent avec l'or; ils gagent des satellites, des espions, des délateurs, & les vexations illégales se multiplient à mesure que la soif de l'or augmente, & que la facilité de s'en procurer diminue.

Charles VII, sous le regne duquel la féodalité reçut les premieres atteintes, Charles VII fut le premier qui, par un simple Edit, & sans le concours des Etats-Généraux, leva des subsides extraordinaires sur son peuple: acte de Despotisme le plus formidable de tous, & dont Louis *XI*, digne d'en être l'inventeur, se garda bien de négliger l'exemple. Eh! quel progrès n'a pas fait depuis la soif du Despotisme & le ferment de la cupidité?

On seroit trop effrayé, trop dégoûté peut-

---

(1) " Rien de meilleur, dit-il, que le gouvernement arbitraire; mais sous des princes humains, justes & vertueux; rien de pis sous le commun des Rois. "

être de vivre en société, si l'on observoit d'un œil attentif avec quelle rapidité toutes nos constitutions européennes, si l'on en excepte une seule, s'accélerent vers le *Despotisme*, & entrainent ainsi dans la proscription la plus redoutable, la plus belle contrée de l'Univers.

Quelle variation dans nos privileges, dans nos coutumes, dans nos Loix, à nous François, peuple doux & imprudent, qui du plus haut dégré d'une liberté, peut-être trop peu éclairée, s'est précipité vers l'esclavage le plus profond & le plus resserré !

Un écrivain (1), plus connu par son dévouement au ministere & par ses ménagemens adroits & lucratifs, que par ses talens littéraires, vient de promettre solemnellement d'attaquer l'authenticité de nos anciens privileges, & s'est engagé à prouver, entr'autres theses tout-à-fait nouvelles & surtout précieuses à la nation, que l'autorité législative *ne fut jamais placée dans les champs de Mars & les assemblées qui leur succéderent*. ...

Il prouvera sans doute aussi que le Monarque possédoit seul cette autorité ; car c'est une conséquence nécessaire de sa premiere proposition.

Il nous promet encore d'établir que le chef suprême *appelloit* & *excluoit* qui il vouloit de ces

---

(1) M. Moreau (*Leçons de morale, de politique, & de droit public, puisées dans l'histoire de notre monarchie, ou nouveau plan, &c.* Paris, chez Moutard, 1773)

C'est à cette époque que l'essai sur le Despotisme devoit paroître. [note de l'éditeur.]

assemblées & que chacun des membres qui y assistoient, *n'avoit que des conseils à donner & non des suffrages.*

Cet auteur, il faut l'avouer, s'est imposé une belle tâche, & sur-tout il s'est voué à une occupation vraiment patriotique, vu les circonstances & l'objet.

Il va détruire bien des préjugés & renverser un grand nombre de vieilles erreurs.

Il établira, par exemple, malgré tout ce qu'on croyoit savoir à cet égard, qu'il est faux que le premier acte de législation de nos Rois date de la fin du XIIe. siecle, & que lordonnance de Philippe-Auguste de 1190, que l'on regardoit comme le premier monument de leur pouvoir législatif, a été précédée de beaucoup d'autres Edits.

Il nous expliquera les propres mots de Clotaire, qui dit, en nous parlant des assemblées du champ de Mars : *on les convoque parce que tout ce qui regarde la sûreté commune doit être examiné & réglé par une délibération commune ; & je me conformerai à tout ce qu'elles ont résolu.* [1]

Il traduira selon son opinion, ces mots qui se trouvent dans une Ordonnance de Childebert de 532 : „ Nous avons traité quelques affaires „ à l'assemblée de mars avec nos Barons & nous „ en publions aujourd'hui le résultat, afin qu'il „ parvienne à la connoissance de tous. " [2]

---

[1] *Aimoin, de gest. Franc. l. 4. c. 1. apud Bouquet recueil III.*
[2] Bouquet, [ibid. tom. 6. p. 3.] & dans une autre or-

Il

Il voudra bien renverser le témoignage du savant Bouquet, qui, travaillant par ordre & sous les yeux du Gouvernement, s'explique ainsi dans la préface des Loix saliques: [1] *dictaverunt Salicam Legem proceres ipsius gentis, qui tunc temporis apud eam erant rectores: sunt electi de pluribus viri quatuor, qui, per tres mallos, convenientes, omnes caussarum origines sollicitè discurrendo tractantes de singulis, judicium decreverunt hoc modo.*

Il nous mettra en garde contre cet autre passage très-singulier, relatif aux champs de Mars & tiré des auteurs des annales des Francs, *sedebat in sellâ Regiâ, circumstante exercitu, præcipiebatque is die illo quidquid à Francis decretum erat.*

Il nous expliquera pourquoi Pepin, l'habile, l'audacieux Pepin, (qui une fois arrivé au trône possédoit absolument l'autorité législative, puisqu'elle étoit l'apanage de la Souveraineté,) pourquoi Pepin, dis-je, quand il associa Charles & Carloman ses deux fils à la couronne, sans le

---

donnance: *nous sommes convenus avec le consentement de nos vassaux*, *&c.* ibid. § . II.

[1] Ibid. p. 22. [& ailleurs idem. p. 124] " *hoc decretum* ,, *apud regem & principes ejus, & apud cunctum populum christianum; qui infrà regnum Merwingorum consistunt.* Voyez, dans M. de Mably, [*observ. sur l'hist. de Franc.*] dans des chartes accordées par des Roix de la 1ere. race: " *ego Childerbertus* ,, *rex unà cum consensu & voluntate Francorum*, *&c.* [ann. ,, 558. ibid. 622] *Clotharius III, unà cum patribus nostris epis-* ,, *copis o[illegible]natibus, cæterisque palatii nostri ministris*, [ann. 664] ,, *de cons[illegible] fidelium nostrorum.* "

L

consentement de l'assemblée nationale, se servit de cette formule si connue, *unâ & cum consensu* * &c. L'usage le plus ordinaire des Rois n'est pas de céder dans la forme ce qui leur revient dans le droit.

Mr. Moreau joindra à toutes ces instructions une réfutation d'Eginhart, secretaire, historiographe & gendre de Charlemagne, & par conséquent si à portée d'être bien instruit de la constitution, qui dit expressément *que les Francs confirmerent le choix de Pepin à sa mort*, & ce qui est bien plus concluant & bien plus *attentatoire* à l'opinion de Mr. Moreau, *qu'ils limiterent leurs Etats respectifs.* **

Plus ce nouvel antiquaire avancera dans la carriere, plus ses travaux augmenteront, & plus sans doute nous lui devrons de reconnoissance.

Ses recherches profondes nous apprendront comment le plus grand & le plus puissant Prince, qui ait jamais existé, comment Charlemagne, *** s'il avoit cru toute l'autorité législative concentrée dans ses mains, auroit dit dans la charte qu'il donna pour le partage de ses domaines, dans le cas où il y auroit incertitude sur le droit des différens compétiteurs à la couronne, *celui d'entr'eux que le peuple choisira, succédera à la Couronne.* Car c'est une anecdote bien singuliere pour l'histoire philosophique de ce Prince

* [*Voyez p. 78, note 2.*]
** *768.*
*** *Capitul. vol. 1. p. 442.*

& de ce siecle : Mr. Moreau nous dira pourquoi ce Prince assembla si exactement une ou deux fois l'an les *conventus malli* ou *placita** qui se tinrent réguliérement sous cette dinastie, lui dont le génie pouvoit sans doute supporter seul tout le faix de la législation.

Mr. Moreau joindra à ses savantes leçons un commentaire du traité d'Hincmar, † *De ordine palatii*, important & précieux monument de nos antiquités ; recueil de points de faits, d'où l'on pourroit lui susciter bon nombre d'objections embarrassantes, & dont la résolution est digne de lui.

Il ne laissera pas que de rencontrer, dans les capitulaires même, des difficultés que lui seul peut lever. Il trouvera par exemple une Loix de l'an 803, qui ordonne que „ lorsqu'il s'agira d'établir une nouvelle loi, la proposition en soit „ soumise *à la délibération* du peuple, *& que „ s'il y a donné son consentement, il la ratifiera „ par la signature de ses représentans.* " **

Il trouvera dans un Edit de Philippe le Bel, *** par lequel ce Roi promet d'établir deux Parlemens à Paris, ces propres mots qui méritent quelques notes : „ *preterea propter commodum „ subjectorum & expeditionem caussarum*, proponimus *ordinare quod duo Parlamenta Parisiis, „ & duo Scataria Rothomagensia, & dies trecenses*

* *Noms des assemblées de la nation sous la 2e. race.*

† *Archevêque de Rheims.*

** *Capitul. vol. 1. p. 194.*

*** 1302.

„ *bis tenebuntur in anno*, & *quod Parlamentum* „ *apud Tolosam tenebitur*, si gentes prædictæ ter„ ræ consentiant, *quod non appelletur à præsentibus* „ *in Parlamento*. "

Il seroit trop long de parcourir la centieme partie des difficultés que Mr. Moreau s'engage à résoudre; je finirai par ces mots de Pasquier, qu'il foudroiera sans doute aussi facilement que tous les autres; mais qui sont assez singuliers pour être rapportés ici :

„ Pourquoi *Capet* plus fin que vaillant, & qui „ par astuce seulement étoit arrivé à la couronne „ fit, au moins mal qu'il pu, une paix avec „ tous les Grands, Ducs & Comtes, qui com„ mencerent dès-lors à le recognoître seulement „ pour Souverain, ne s'estimant au demeurant „ guere moins en grandeur que lui; & certes „ quelques-uns, non sans grande apparence de „ raison, sont d'advis, que la premiere insti„ tution des Pairs commença adonc entre „ nous. " (1)

(1) Voici un passage de Montaigne bien analogue, à celui de Pasquier. „ César appelle roitelets tous les Seigneurs ayant „ Justice en France de son tems. De vrai, sauf le nom de „ Sire, on va bien avant avec nos rois, & voyez aux provin„ ces éloignées de la cour : nommons Bretaigne, par exemple, „ le train, les sujets, les officiers, les occupations, le ser„ vice & cérémonie d'un seigneur retiré & casanier, nourri „ entre ses valets, & voyez aussi le vol de son imagination, „ il n'est rien plus royal. Il doit parler de son maitre une fois „ l'an, comme du Roi de Perse, & ne le recognoît que par „ quelque vieux cousinage, que son secretaire tient en régistre. „ A la vérité, nos loix sont libres assez, & le poids de la „ Souveraineté ne touche un gentilhomme François à peine „ deux fois en sa vie. "

Il fera beau voir Mr. Moreau difcutant avec une érudition profonde, & fur-tout une fagacité franche & impartiale, tous ces paffages, accompagnés d'une foule d'autres, qu'il rapportera fidellement, fans en tronquer aucun, & qu'il choifira fans doute parmi ceux qui femblent les plus défavorables à fon opinion.

Mais un écrivain, *auffi philofophe & fur-tout auffi honnête*, ne s'en tiendra pas à ces recherches ; il fait que les citations font toujours détruites par d'autres citations, les autorités oppofées à d'autres autorités ; il fait qu'on fuppofe rarement de la bonne foi dans ces fortes de difcufions, & que plufieurs écrivains ont, à trop bon droit, donné de la méfiance pour ce genre polémique.

Il fait que la plus vile des fervitudes, eft celle de l'efclave qui vend fa plume & fes principes, comme la plus odieufe tyrannie eft celle qui s'exerce fur les penfées, (1) & qu'un honnête homme ne fauroit trop écarter le plus léger foupçon d'un tel trafic.

Il n'ignore pas que le Préfident Hénault, (ou celui que ce Magiftrat a copié,) vendu à la Cour, a traduit, au grand fcandale de la nation, ces mots : *ex confenfu populi* : par ceux-ci : dans *l'affemblée du peuple* : traduc-

---

[1] *L'efclavage*, dit Ciceron, *eft l'affujettiffement d'un efprit rampant & comprimé, qui n'eft pas maître de fa propre volonté. Servitus obedientia eft fracti animi & abjecti, arbitrio carentis fuo.* [Cic. paradox. V. c. 1.]

tion certainement intolérable, à ne considérer que littérairement le seul mot *consensus*; mais dont le mot *ex* découvre bien évidemment la lâche intention ; car les mots *ex* & *in* n'eurent jamais la même signification, & il est impossible de s'y tromper de bonne foi.

Mr. Moreau est trop instruit, pour ne pas savoir que la Cour, qui achete & corrompt tout & tous, a porté la précaution jusqu'à falsifier les capitulaires de Charlemagne, dans les nouvelles éditions des Ordonnances, où on les chercheroit envain, (sur-tout dans ce qui concerne les Etats Généraux,) ressemblant au texte qu'on lit dans Baluze.

D'ailleurs, Mr. Moreau, *homme d'Etat & philosophe*, a pensé plus d'une fois, que rien n'importe moins aux hommes que les chicanes & les subtilités de la jurisprudence diplomatique. Il ne doute pas que leurs droits imprescriptibles n'existassent également, quand ils ne seroient pas écrits.

Après les savantes discussions, qui le feront triompher sur les points de fait, il établira avec évidence qu'il est possible, vu les mœurs connues des premiers Francs, tous les monumens qui nous restent de leurs anciennes institutions, de leurs usages, de leurs maximes, des principes féodaux qui leur servirent si long-tems de code ; il établira, dis-je, qu'il est possible (1) que le pouvoir législatif

[1] Tacite dit expressément : *que le consentement de tous les*

absolu se soit trouvé *uniquement placé* sur la tête du Chef, sans nulle espece de modification, qu'une simple *consulte d'apparat* & non de *réalité*; puisqu'au droit de *conseil* ne se réunissoit jamais celui de suffrage.

Après nous avoir appris, quand, comment, sous quel regne, dans quelles circonstances, par quelle gradation cette étonnante révolution s'est opérée, il nous démontrera sur-tout avec une évidence capable de nous inspirer une profonde sécurité, que l'autorité législative remise entre les mains d'un Chef indépendant des Loix, puisqu'il pourra toujours en substituer d'autres & ne sera jamais arrèté par aucun tribunal compétent, pas même par celui de la nation assemblée; il nous démontrera, dis-je, que cette autorité ne pourra jamais dégénérer en Despotisme; car si cela se peut, la question est décidée: je réclame pour les droits des hommes, je proteste pour moi, pour mes enfans, pour tous mes semblables. Le Despotisme n'est pas & ne sauroit être une forme de Gouvernement, & l'administration

---

membres de la société était nécessaire dans les délibérations prises par les Germains; & l'on trouve [*mor. Germ.*] ces propres mots, que je suis bien aise de citer, dans la crainte qu'ils n'échappent à M. Moreau: " *mox rex*, vel *principes* prout *ætas*, *cuique*, ,, prout *nobilitas*, prout *duces bellorum*, prout *facundia* est, ,, *audiuntur*, *auctoritate suadendi magis quàm jubendi potestate*. , Que M. d'Alembert traduit ainsi, presque littéralement: *alors le Roi, ou le chef ou tout autre sont écoutés selon le rang que leur donne l'âge, la noblesse, la gloire des armes, l'éloquence. L'autorité de la persuasion est plus forte que celle du commandement.*

qui pourroit y conduire une nation, feroit un brigandage criminel, funeste, & contre lequel tous les hommes doivent se liguer.

S'il s'agissoit d'être soumis au pouvoir arbitraire, pourquoi des recherches ? pourquoi des réglemens civils ? pourquoi des loix criminelles ? Offrons-nous au glaive ; nos maux seront plutôt terminés.....

Mais dans quel piege vais-je tomber? .... je parle à des philosophes exempts de préjugés & de passions, & près de qui je passerai pour un déclamateur forcené !.... Ils dénonceront sans doute cet ouvrage comme un véritable signal de révolte. „ La longue expé„ rience des hommes & des choses, leur a „ appris que le peuple heureux étoit insolent : „ qu'il étoit nécessaire de lui faire sentir ses „ chaînes ; & que l'esprit de *liberté*, insépa„ rable du *fanatisme*, étoit le pere de la *re„ bellion* & de la *licence*.... „

Je connois depuis long-tems ces maximes tant répétées par les esclaves des Cours ; je sais qu'à leur gré *les peuples sont encore trop heureux de n'être pas réduits à brouter des terres désertes & stériles*.... (1)

Oui sans doute, quelques êtres plus foibles de corps & d'esprit, que le reste des humains, doivent commander despotiquement à des millions d'esclaves ; & c'est un effort de générosité que de leur laisser de quoi sustenter

---

(1) Mot affreux, adressé par l'atroce Bullion à Louis XIII.

leur misérable vie.... Ce principe est humain, il est raisonnable ; & dans un siecle où les arts, la science & la philosophie fleurissent à l'envi, c'est à bon droit qu'on ne s'étonne pas que la Pologne & le Dannemarck soient fécondés & nourris par des *serfs*, & que l'Allemagne & la France elle-même en renferme.

Ceux dont le cœur ne s'est pas brisé en entendant que les $ de l'humanité devoient être malheureux, pour assurer la tranquillité de quelques hommes, (eh ! quelle tranquillité !) pour leur procurer des plaisirs & des jouissances, croiront aisément tout le reste.

Ceux qui ont osé nous vanter *le Despotisme oriental*, & auxquels l'indignation publique n'a pas interdit *le feu & l'eau*, doivent attaquer la liberté dont il ne sont pas dignes. Mais il est encore des hommes honnêtes qui frémiront en entendant les uns, & déploreront le stupide aveuglement des autres.

La liberté est l'ame de l'ame, la vie morale de l'homme, la source de toutes les vertus, la boussole de toute administration prospere, depuis les plus petits détails jusqu'aux plus grandes spéculations ; la richesse, la gloire ; le soutien des Empires & des Princes qui les gouvernent. Quel homme instruit pourroit donc ne point l'aimer, quand l'instinct de l'humanité ne la réclameroit pas sans cesse ? Et dans quelle autre cause l'enthousiasme seroit-il plus permis ?

Nous abandonnerions, disent les Arragonois dans le préambule d'une de leurs Loix, notre ſol ingrat & ſtérile, pour habiter des régions plus favoriſées de la Nature, ſi notre liberté, défendue & garantie par notre conſtitution politique, ne nous étoit pas plus chere que toutes les jouiſſances d'un pays plus fécond & moins libre [1]....

Et nous, dont l'heureuſe patrie réuniſſoit tous ces avantages; nous, deſcendans de ces fiers Gaulois, dont la valeur nourrie au ſein de la liberté, & ſans ceſſe animée par elle, arrachoit aux Hiſtoriens Romains l'aveu de l'effroi qu'elle inſpiroit à Rome, ſi accoutumée à voir ſes Conſuls & ſes légions humiliées par ce peuple belliqueux, que ce fier Sénat, juge & protecteur des Rois, *ne penſoit qu'à ſa ſûreté & oublioit ſa gloire* [2], *alors qu'il avoit à combattre ces ennemis redoutables*; nous, ſous les coups deſquels s'abattit le farouche Deſpotiſme, qui faiſoit ramper l'Univers, nous laiſſons fuir de notre ſein cette liberté qui valut à nos peres leur glorieux renom & la longue durée d'un vaſte & floriſſant Empire....

Hommes vertueux, luttez pour cette liberté ſainte; le deſir d'être utile à ſon pays eſt le

---

[1] On lit dans les anciens auteurs, des choſes très-étonnantes ſur la Puiſſance de l'Eſpagne, dans le tems où, diviſée en pluſieurs Etats, Elle jouiſſoit d'une liberté depuis tout-à-fait inconnue.

(2) " *Quo metu Italia omnis contremuerat, illique & indè uſque ad noſtram memoriam Romani ſic habuere, alia omnia virtuti ſuæ prona eſſe; cum Gallis pro ſalute, non pro glorià certare.* " [Salluſt. Jugurth.]

besoin d'une belle ame ; & s'il est vrai qu'il vient un tems où il n'est plus possible d'arrêter le torrent ; s'il est vrai qu'un peuple plié à la servitude envisage un homme qui veut le bien, comme un insensé, & lui nuit réellement quand il le peut ; songez du moins que l'exemple des vertus est la dette des hommes vertueux ; que le *courage* & la *justice* sont les premieres des vertus, dignes instrumens *de gloire & défenseurs de la liberté.* (1) Que le devoir & la conscience sont des juges & des remunérateurs incorruptibles ; & qu'il n'est aucun siecle qui n'ait honoré *Caton*, *Helvidius*, *Priscus*, *Thrasea*, *Duranty*, *Goëbrialut*, *Turenne.*

Alors que les grands Hommes sont descendus dans la tombe ; alors que les passions & les intérêts particuliers s'évanouissent ; alors que l'envie se tait, la voix de la postérité se fait entendre : les illusions mensongeres disparoissent ; les vaines clameurs ne sont plus ; & si les grands talens & les vertus fortes, persécutés & dédaignés, furent plus d'une fois] le tourment de celui que la Nature éleva audessus des autres hommes, il s'apprécia du moins au fonds de son cœur ; il devina le jugement de la postérité ; & le tribut tardif de notre vénération & de nos éloges apprend à ceux qu'une noble émulation entraîne dans la car-

---

(1) " *Duabus his artibus, audacia in bello, ubi pax evenerat,* ,, *æquitate, se remque publicam curabant* ,, dit l'énergique Salluste, dans le magnifique portrait qu'il a tracé des premiers Romains.

riere épineuse de la véritable gloire, qu'ils se trouveront un jour à la place qu'ils auront méritée ; & que les arrêts de l'opinion, les seuls durables, les seuls auxquels n'échappe aucun mortel, sont tôt ou tard équitables.

Les hommes aiment mieux attribuer leur conduite à la corruption générale qu'à leurs mauvaises inclinations ; *il faut*, disent-ils, *telle ou telle chose pour réussir dans le monde* : quelle est donc la nécessité de réussir ; au prix d'une action mal-honnête ? j'ose dire qu'il faut faire le bien, & le faire avec audace. Il en résulte au moins le plus grand des avantages, une grande considération & une saine réputation.

Dans les Cours, il n'y a que deux chemins ; celui d'être un frippon, qui sacrifie tout à sa fortune ; ou celui de professer la plus exacte probité.

Il faut beaucoup plus de travail pour soutenir le premier rôle : le second va tout seul ; & l'on arrive, ou l'on reste également par l'un & par l'autre. Tacite dit, en parlant d'un certain Lepidus, qu'il doute : *an sit aliquid in nostris consiliis ; liceatque inter abruptam contumaciam & deforme obsequium, pergere iter ambitione & periculis vacuum.* Pour moi je n'en doute pas. Le chemin le plus âpre est presque toujours le plus court.

Si tous les hommes étoient persuadés de cette vérité, les Princes entendroient moins de lâches adulateurs prostituer leur raison à soutenir des principes insensés & inhumains.

Je ne ſaurois comprendre, par exemple, quelle ſorte d'obſervation ou d'expérience peut étayer ce raiſonnement ſi commun & ſi ancien: *que les hommes pour être tranquilles ne doivent pas être heureux.*

S'il eſt une maxime impie, c'eſt aſſurément celle-là; mais elle renferme auſſi le délire le plus inconſéquent. Combien d'hommes cependant ont cru qu'elle contenoit le grand ſecret de la politique.

Licurgue, réformateur révéré, dont on a conſacré toutes les violences & les viſions; Licurgue appelloit la *proſpérité*, *la deſtructrice des mœurs*, *parricida morum.* Il parloit en déclamateur, qui ne connoiſſoit ni les hommes ni le véritable bonheur. Non, ſans doute, la proſpérité n'a jamais rien détruit. C'eſt l'élément de l'humanité, ou du moins l'objet conſtant & néceſſaire auquel elle doit tendre. Le Deſpotiſme & ſes menées; le luxe & ſes pieges détruiſent les mœurs & les Etats; & l'un & l'autre détruiſent auſſi la véritable *proſpérité*; celle qu'ils ſemblent procurer, n'eſt qu'une enflure trompeuſe; & l'unique & ſtable félicité ne ſe trouve que dans la modération & la liberté. Ces vérités pratiques ne ſont point des maximes morales; elles ſont le réſultat le plus ſimple, le plus réitéré, le ſeul évident, le ſeul inconteſtable du peu de lumieres certaines que nous avons ſur l'hiſtoire de l'humanité.

Le faux principe de Licurgue & de tant d'autres Philoſophes, tient à une premiere erreur qui auroit prescription s'il en pouvoit exister en fait d'erreurs. Les législateurs qui n'ont pas puisé leurs législations dans la Loi naturelle, simple & évidente, c'est-à-dire, dans la connoissance & l'expérience de ce qui est toujours bon & avantageux à l'humanité, ont couvert d'un voile épais & mystérieux la science de la politique, qui devoit être celle de tous les hommes.

On s'est imaginé communément que les opinions ordinaires & les vertus mêmes devoient changer de nature, & se plier au besoin de cette science factice, à l'abri de laquelle les ambitieux se sont rangés, & en ont imposé au peuple par de grands mots.

On n'a pas douté, par exemple, & c'est une maxime très-généralement reçue, que la politique doit *exclure la probité*. En réfléchissant davantage, on auroit appris qu'il n'y avoit, au contraire, de politique sûre, que celle qui est fondée *sur la probité*; l'infortuné *Roi Jean disoit, que si la vérité étoit bannie de la terre, elle devroit se retrouver dans le cœur des Rois.* Ce noble sentiment, aussi conforme aux regles de la politique la plus habile, qu'aux principes de la vertu la plus pure, mérite qu'on oublie les fautes de ce Monarque; & les hommes qui pensent se souviendront plus long-tems de ce mot que de la bataille de *Poitiers*.

Le Cardinal de Richelieu a recommandé aux Rois *leur réputation, comme leur bien le plus solide*; bel hommage, ce me semble, que le vice rend à la vertu; c'est une chose bien frappante que d'entendre proférer cette maxime à un homme qui détruisoit par sa seule existence la gloire de son maître.

Mais cet homme étoit habile : il savoit que les choses n'ont de valeur réelle que celle que l'opinion y donne ; & que les Princes doivent par conséquent prendre le plus grand soin de leur réputation.

C'est donc un principe aussi faux que malhonnête, que celui qui fait prévaloir ce que l'on appelle *maxime d'Etat*, *intérêt d'Etat* sur la *probité* : *l'intérêt d'Etat* & *la probité* ne peuvent jamais être séparés ; il seroit aussi absurde de le penser que criminel de se conduire d'après ce principe ; & ce n'a pas été pour moi un médiocre étonnement, que de trouver dans l'ouvrage estimé (& estimable à beaucoup d'égards) d'un savant & célebre Philosophe ; qu'il ne faut *pas confondre le droit politique avec la politique, qui lui est souvent contraire* (1). La probité est la premiere *maxime* ; le *premier intérêt de l'Etat*, c'est d'être conduit avec *probité* ; & cette qualité, connue dans le Prince & ses Ministres, sera son plus ferme soutien intérieur & extérieur.

D'ailleurs, qui s'est jamais repenti d'être juste & bienfaisant ? Que les courtisans citent un seul exemple qui prouve que ces vertus ont nui aux Princes ?

---

(1) Cette assertion est tout au moins ambigue ; & si l'auteur a cru que la *politique ne devoit pas être contraire au droit politique, quoiqu'elle le fût*, cela valoit la peine d'être dit dans des élémens de philosophie.

L'homme, qu'on calomnie sans cesse auprès des Rois, leur sait gré de tout le mal qu'ils ne lui font pas ; nous chérissons un bon Prince ; nous lui rendons un hommage de gratitude, comme s'il n'étoit pas en notre pouvoir de déposer & de punir les tyrans.

Une regle générale & vraie, c'est que l'on ne se plaint auprès du maitre, que du bien qu'il fait ; & l'on ne se plaint jamais loin de lui, que de ses injustices. Eh ! comment écouteroit-il la voix d'un peuple qu'il ne connoît que comme l'aveugle instrument de sa grandeur ?

„ Ce ne sont jamais les bons sujets qui manquent aux Rois ; c'est le Roi qui manque aux bons sujets, dit le célebre & digne ami d'un grand Monarque ; la difficulté sera toujours, ajoute-t il, de rencontrer un Prince, qui ne cherche point dans le Ministre de ses affaires le Ministre de ses goûts & de ses passions ; qui, unissant beaucoup de sagesse à beaucoup de pénétration, prenne sur lui, de n'appeller à remplir les premieres places que les personnes dans lesquelles il aura connu un aussi grand *fonds de droiture & de raison* que de *capacité* ; enfin, qui ayant lui-même des talens, n'ait point le foible de porter envie à ceux des autres.

Tel étoit l'excellent Henri IV, que Sully s'efforçoit de peindre ; ce Prince généreux avoit fait la guerre depuis sa plus tendre enfance, il n'avoit jamais eu le tems ni l'occasion d'étudier les détails de l'administration ; il ne devoit que connoître la ſcience militaire ’il poſſédoit ſupérieurement, quoi qu’on en pu dire.

Henri IV étoit bouillant & colere. Les tra-rſes & les malheurs, dont il avoit été la oie, devoient encore l’avoir aigri & fait pré-loir ſa violence ſur ſa gaieté naturelle. Roſny ontrariant, auſtere, fier & abſolu, fut ſon vori, par la ſeule raiſon que ſon maître de-ina ſes talens & ſes vertus.

Henri devoit ſentir pour ce Miniſtre un vé-itable éloignement, d’autant mieux prétexté, ue la religion du favori pouvoit ſemer ſans eſſe d’obſtacles les négociations néceſſaires u maître avec le parti le plus puiſſant du Royaume.

L’intégrité d’un Miniſtre opiniâtre, hé-iſſé de rudeſſe, dut bientôt acharner à la perte le Sully tous ceux qui n’avoient point de fonds plus aſſuré de fortune que les déprédations & e déſordre des affaires.

Le penchant invincible d’Henri IV pour les femmes & pour le jeu, devoit lui inſpirer un extrême dégoût pour l’économie de ſon Mi-niſtre, & ſur-tout une averſion violente pour ſes remontrances très-fréquentes, très-libres, & ſouvent remplies d’aigreurs.

On devineroit bien, quand on ne le ſau-roit pas, que les courtiſans qui connoiſſent toujours parfaitement les foibleſſes du maître, envenimoient ſans ceſſe l’humeur du Prince.

Quel courage ! quel amour de la gloire ! quelle ſageſſe ! quelle modération ! que de pénétration dans l'esprit ! que de noblesse dans l'ame ! que de combats ce grand Roi s'étoit livrés avant que d'avoir pris la résolution ferme, constante & invariable de s'abandonner sans réserve à un Ministre qui ne brigua jamais que par ses services la faveur de son maître !

J'ai cru devoir entrer dans ces détails, pour répondre à ceux qui reprochent à Henri IV, à cet homme adorable, dont le mot de *Monsieur* prononcé par un de ses enfans effarouchoit la tendresse paternelle, qui lui reprochent, dis-je, son *humeur despotique*; & c'est en effet les réfuter d'une maniere satisfaisante, que d'observer sa modération; car le Prince qui sait commander à lui-même, s'emporte rarement jusqu'à abuser de la supériorité qu'il a sur ses sujets.

Un Roi moins généreux & moins grand, se seroit aisément persuadé qu'il pouvoit exercer un pouvoir absolu sur un peuple si longtems armé contre lui, & dans un pays qu'il avoit conquis.

Mais il savoit que le pauvre peuple, agité par les passions des Grands, n'est que l'instrument de leur ambition & de leurs haines, & qu'on commet une injustice cruelle & sans fruit alors qu'on exerce sur lui ses vengeances. Henri IV se livra donc sans réserve à toute sa magnanimité.

Quel Despote que le Prince qui pardonne à tous ses ennemis, après les avoir mis dans l'impuissance de résister ! qui paie les dettes de l'Etat obéré, & laisse 45 millions dans ses coffres!

Que le Ciel, dans ses jours de bienfaisance, accorde aux nations un grand nombre de tels Despotes!

Henri IV avoit contracté dans les camps un ton absolu, une sorte de violence même, dont la Nature avoit mis le germe en lui; mais quel moment de sa vie ne décéloit pas son ame paternelle, que nous adorons aujourd'hui, & que nous pleurerons long-tems sur les ruines de la patrie!

Aucune nation, aucun siecle ne produiront un autre Prince capable des mêmes vertus, si le besoin de ses alentours, d'étroites, d'importantes liaisons avec les hommes, ne contribuent pas à le former. Charles V & Henri IV, les deux plus grands Rois de la nation, si Charlemagne n'avoit pas existé, furent tous deux instruits à l'école du malheur, & apprirent, long-tems avant que de tenir tranquillement le sceptre, que les Princes qui sont les plus subordonnés de tous les hommes, doivent les respecter.

Les Rois qui ne s'élevent que par les choses, & que les choses instruisent mal, parce qu'elles se plient presque toujours à leurs volontés, à leurs passions, à leurs opinions, paroîtroient peut-être les plus stupides de tous les êtres, si l'on savoit combien ils ont communément peu de lumieres & d'idées. On retient les paroles raisonnables qu'ils laissent échapper : c'eſt aſſurément la meilleure preuve qu'elles ſont en petit nombre.

Il faut qu'un Roi ſoit très-ſtupide en effet pour ne pas juger bientôt ſa propre adminiſtration ; (s'il autoriſe l'erreur & qu'il en ſoit lui-même le complice, il n'eſt plus ſtupide : il eſt un monſtre.) Tous les alentours le trompent à l'envi ; je n'en doute pas ; mais l'embarras des miniſtres, la multiplicité de leurs expédiens, leur inſuffiſance, la pénurie des ſang-ſues publiques, qui tôt ou tard, comme nous l'avons montré plus haut, enveloppées dans la ruine générale, dévoilent malgré les courtiſans la miſere générale, & préſagent la diſſolution de l'Etat.

La population & l'aiſance, ces thermometres infaillibles de l'adminiſtration, publient la vérité en dépit des flatteurs ; car le prince le moins inſtruit, & le tyran le plus deſpote, ne ſauroient douter qu'ils ne ſont puiſſans qu'en raiſon des hommes qui vivent & fleuriſſent ſous leur Empire.

Le dragon *de Cadmus* eſt l'emblême de la liberté ; les hommes naiſſent avec elle. Avant le IXe. ſiecle, à peine exiſtoit-il une ſeule ville dans cet immenſe pays qui s'étend depuis le Rhin juſques aux bords de la mer Baltique. Charlemagne paroît ; & l'Allemagne change de face ſous ce grand Homme. [1]

---

[1] Il fonda les villes les plus conſidérables : deux archevêchés & neuf évêchés.

L'exceſſive population des Chinois vient de l'attachement qu'ils ont pour leur conſtitution douce & ſtable ; qu'ils ne veulent échanger pour nulle autre, aucun d'eux ne voudroit s'expatrier ; aucun ne voudroit ni fonder ni ſuivre une colonie.

Dans le Deſpotiſme, tout s'oppoſe aux progrès de la population ; parce qu'elle ſuit toujours la gradation des richeſſes territoriales que le Deſpotiſme détruit avec tout le reſte. . .

D'ailleurs le Deſpotiſme y devient la ſuite d'un ſentiment bien naturel. Les Romains, malgré les Ordonnances rigoureuſes contre le célibat, ſe refuſoient au mariage ſous les Empereurs, & craignoient d'avoir des enfans. (1)

C'eſt aſſez de traîner une exiſtence malheureuſe ſans la doubler, & l'on ne vient pas chercher des chaînes ; il n'en eſt point de douces, pas même dans les Deſpotiſmes tranquilles ; car il en peut exiſter de tels ; un cadavre n'éprouve plus de convulſions ; ceux-là même ſont les plus redoutables ; une telle paix eſt une longue ſervitude. C'étoit la légiſlation des Romains dans leurs conquêtes [2]. Le conquérant armé n'opprime que pour un tems ; mais le Deſpote déſarmé tire ſon droit de ſon forfait ; & les hommes apprennent, dans les fers & ſur l'échaffaud, qu'ils ne ſont ſortis des mains de la Nature, que pour être

---

(1) *Nec ideo conjugia & educationes liberùm frequentabatur, prævalidâ orbitate.* (Tacit. annal. lib. 3.)

[2] *Ubi ſolitudinem faciunt pacem appellant.* (Tacit. vit. Agricol.)

le jouet infortuné d'un petit nombre d'individus, revêtus du pouvoir suprême, pour s'arroger exclusivement tout le bien possible ; car c'est-là le véritable signalement du pouvoir arbitraire ; & j'ose ici défier ses vils apologistes, ceux même qui ont le plus d'opinion de la subtilité de leur dialectique, d'en donner une définition à laquelle je ne puisse, en l'analisant à la rigueur, substituer celle-ci : *le Déspotisme* est la *destination exclusive d'un seul homme à employer tous les autres, même à leurs dépens, à son seul profit*, ou plutôt à ce qu'il croit son profit.

On ne cesse de faire craindre aux Rois la désobéissance & la rebellion de leurs sujets. On devroit plutôt leur faire honte d'assouvir des esclaves rampans. *Machiavel*, dont le témoignage en faveur de la liberté ne sera pas suspect ; Machiavel lui-même, voudroit *qu'un Prince ou un grand Homme qui aspire à l'immortalité, choisit pour son Gouvernement & le théatre de sa gloire un Etat corrompu & en décadence, qu'il se proposeroit de rectifier & d'établir.*

Quel parallele pour un Prince vraiment desireux d'acquérir de la gloire, que celui de *Licurgue*, donnant des Loix à des peuples libres & méritant ainsi l'hommage de la postérité ; & de Sardanapale, * les sens défaillans de volupté, l'ame énervée par son propre Des-

* *Ils étoient contemporains.*

potisme, commandant à un troupeau d'esclaves, & transmettant à la postérité pour toute célébrité un nom flétri par de crapuleuses débauches, le souvenir d'une autorité odieuse & illimitée, presque aussi avilissante pour le Despote que pour l'esclave, & celui d'une stupidité féroce qui lui valut le sort ordinaire des tyrans.

Je desirerois que ces prudens Conseillers, qui alarment les Princes sur les entreprises de leurs sujets, & entretiennent sans cesse dans leur cœur la méfiance, l'un des premiers motifs de la tyrannie, citassent un seul exemple d'un peuple qui ait secoué le joug, sans avoir enduré long-tems une cruelle oppression. „ Les plus grands maux, dit Comines, viennent volontiers des plus forts, car les plus „ foibles ne cherchent que paix. "

C'est l'excès de la tyrannie qui excita les Espagnols à secouer le joug intolérable des Arabes.

Ce sont les vexations odieuses de Philippe II, qui valurent à la Hollande sa liberté. [1]

Les Suédois languiroient encore dans les fers ou dans les cavernes de la Dalécarlie, si les Rois de Dannemarck eussent arboré moins imprudemment l'étendart du pouvoir arbitraire.

Si Charles XI n'eût pas tyranniquement foulé aux pieds les privileges de la Livonie & de l'Estonie *, la Suede qui venoit de recouvrer

---

[1] Grotius dit : *respublica casu facta quam metus Hispanorum continet.*

* *Qui lui avoient été cédés par le traité d'Oliva.*

sa liberté, n'auroit pas été déchirée par de longues guerres, qui la plongerent dans un tel épuisement, qu'elle n'en est pas encore relevée.

C'est du sein de l'esclavage le plus terrible, que les Suisses ont recouvré la qualité d'hommes ; & je ne saurois m'empêcher de remarquer ici à l'honneur de ce peuple respectable, que malgré les vexations & les brigandages atroces de ses tyrans, qui sembloient lui permettre une vengeance sanguinaire, il se contenta de chasser de son pays *Landenberg* & ses complices, & de recouvrer sa liberté, sans verser une goutte de sang.

On parle de la licence des Anglois, & de leur audace effrénée : sans les débats des *Yorck* & des *Lancastre*, qui se disputoient le droit d'opprimer les hommes, comme les tigres & les lions s'arrachent leur proie, ce peuple n'auroit jamais pensé à se ressaisir de sa liberté ; suivez les événemens qui lui valurent cette liberté (1) qu'il a achétée si cher, vous vous convaincrez qu'il n'y eut jamais de plan formé de conduire cette révolution jusqu'au dernier degré auquel elle est parvenue, & que les Anglois ne doivent leurs Loix & leur constitution qu'à l'excès de la tyrannie, qu'ils renverserent, parce qu'ils ne pouvoient plus la sup-

(1) Ce n'est point ici le lieu d'indiquer les atteintes portées à cette constitution, ni de développer les causes qui présagent infailliblement l'altération de la liberté Britanique.

porter. Il ne sera pas inutile de remarquer que les habitans des Isles Britanniques [1] obtinrent, ou plutôt attacherent au plus valeureux & peut-être au plus habile Monarque qui eût encore régné sur l'Angleterre, la confirmation & la stabilité de leur grande charte, monument éternel de leur amour pour la liberté, & rempart de leurs privileges.

„ Paroissez, Sire, écrivoient à Henri d'Al-
„ bret, Roi de Navarre, ses sujets ; paroissez
„ seulement ; aussi-tôt vous verrez jusqu'aux
„ pierres, aux montagnes & aux arbres s'ar-
„ mer pour votre service. " [2]

O Princes, faites-vous aimer ; c'est autant votre premier intérêt que votre premier devoir ; aucun peuple ne changera de maître malgré lui.

Mais qui voudroit ramper à jamais sous une verge de fer ?

Sans doute il faudroit étouffer nos malheureux enfans au berceau, ou plutôt dérober de nouvelles victimes aux Despotes, en nous refusant comme les Péruviens au vœu de la propagation, si la liberté ne devoit pas prévaloir tôt ou tard.

Sans doute il est important que les tyrans

---

[1] Je les appelle ainsi ; parce que les Anglois se renouvellerent par le sang qu'ils puiserent dans les veines des conquérans septentrionaux, dont les descendans devinrent presque les seuls habitans des Isles Britanniques.

[2] Aieul maternel d'Henri IV. Ce sont les habitans de la ville d'Estelle en Navarre, qui lui écrivoient ainsi.

apprennent par l'expérience de tous les âges, que jamais le Despotisme ne fut tranquille, stable & permanent.

Mais il faut aussi que les bons Princes sachent & n'oublient jamais, que si la bienveillance des hommes est la chose la plus nécessaire pour conduire leurs affaires & y réussir, elle est aussi toujours acquise à ceux qui leur sont utiles. Qu'ils ouvrent les annales de tous les peuples; ils verront que tout Despote habile, qui a daigné du moins être juste, a obtenu l'amour de son peuple, aussi bien que sa docile obéissance.

Elisabeth, remplie de principes, dans un siecle où on ne les connoissoit pas, fut très-absolue par caractere; car il est difficile, avec autant de talens qu'en développa cette grande Reine, de porter à un plus haut degré tous les défauts de son sexe; & l'on sait que le desir de l'autorité n'est pas la plus foible de ses passions; mais elle ne voulut jamais que la gloire de sa nation; elle voulut absolument & sans restriction l'observation des Loix. Bien-loin d'accorder une autorité sans bornes à ceux qu'elle employoit dans l'administration, elle les surveilla toujours, les tint dans la dépendance, dans l'abaissement même, & ne leur accorda jamais inconsidérément les graces, sur la distribution desquelles elle fut toujours très-réservée pour les courtisans & les ministres; elle ne se permit point ce gaspillage d'argent, cette prodigalité qui ne peut jamais être qu'un vice; car la libéralité ne coûte rien à un Roi: ce qu'il donne n'est pas à lui; il se trouve prodigue avant que d'être libéral;

un Prince est fait pour *récompenser* & non pour *donner*. Les *dons* nuisent aux *récompenses*, & deviennent ainsi des injustices. Cette profusion meurtriere excite les importuns demandeurs, espece d'hommes impossibles à assouvir, [1] & ruine infailliblement une nation, en réduisant bientôt aux expédiens le chef, qui dès-lors foule aux pieds justice, privileges; qui livre son peuple à toutes les extorsions que peuvent inventer la maltôte & la cupidité. Elizabeth étoit trop habile pour employer ces manœuvres tyranniques & insensées; car elle savoit bien qu'elle seroit une des premieres à se ressentir de la ruine de son pays. Mais quand elle eût eu moins de talens & de lumieres, l'heureuse & sage constitution, qui ne permet point l'usage des deniers aux Rois d'Angleterre, garantissoit la nation, des guerres formidables de la fiscalité. En un mot : si Elizabeth laissa échapper quelques volontés arbitraires, elle se retint presque toujours près de l'abus de son pouvoir, & jamais les Loix n'eurent plus de vigueur que sous son regne; aussi fut-elle l'idole de sa nation, & elle le mérita à beaucoup d'égards.

Les Princes apprendront donc en réfléchissant sur les hommes & sur les événemens qui les agitent, que le peuple ne veut jamais qu'être heureux, que c'est-là son unique ambition & son seul objet; qu'il est impossible qu'il préfere

---

[1] Car, dit Montaigne, *qui a sa pensée à prendre ne l'a plus à ce qu'il a pris*.

le trouble, la tyrannie & les factions à un Gouvernement fixe & modéré, quand le délire de ses chefs ne le met pas en combustion; & qu'alors même il retombe tôt ou tard, par l'impulsion du besoin, dans son état naturel, je veux dire, le *travail*, *la modération & la bonhommie.*

Ils en trouveront la preuve jusques dans l'étonnante catastrophe de Charles I, sur les ruines duquel s'éleva l'habile & despotique Cromwel : c'est ici le triomphe des déclamateurs royalistes : il est bon de le rabattre à sa juste valeur.

Charles I avoit des intentions droites, un caractere foible, & l'humeur vindicative; il arriva sur le trône dans le moment où la nation & le Despotisme luttoient ensemble, il voulut suivre le plan de ses prédécesseurs, & n'avoit pas les talens & le génie nécessaire pour subjuguer son peuple. Il fut détrôné, & périt par les mains de ses sujets.

C'est un délire de la liberté, qui, long-tems menacée, s'opprima elle-même, & abusa de la victoire qu'elle remporta sur le Despotisme; mais à peine l'usurpateur eut-il fermé les yeux, que tout fut rétabli dans l'ordre; le Gouvernement militaire qui, quoique semblable au Despotisme, l'avoit terrassé, tomba lui-même à son tour; & la liberté, à laquelle il fit place, s'éleva sur les ruines du pouvoir arbitraire; elle apprit même à se méfier du militaire, qui l'avoit ménacé, après avoir détruit son ennemi.

Un Prince foible, excité par des Conseillers

despotes, arma contre son peuple : son peuple fut contraint d'armer contre lui : il fallut abattre le Despotisme par ses propres armes ; il s'en éleva un second aussi dangereux ; les défenseurs de la liberté, obligés de faire la guerre pour sa cause, furent au moment de devenir eux-mêmes oppresseurs. Le Chef fut absolu ; mais ce moment d'ivresse cessa à la mort de ce Chef, & l'autorité royale ne dut après Cromwel son rétablissement qu'aux Loix & à leur influence sur la Nation Angloise. Ce peuple qui, dans son effervescence, venoit de commettre un attentat inoui dans notre Europe, fut retenu par des regles d'hérédité, & n'osa faire aucune assemblée de Parlement, qu'un Roi légitime ne pût l'approuver selon la teneur des Loix. La répugnance de ce peuple à enfeindre de sang froid des Loix qu'il venoit de bouleverser, donna au Général Munck, l'un des plus honnêtes & des plus habiles hommes de son tems, les moyens de faire prévaloir la Royauté, & de la remettre sur la tête qui devoit la porter.

Tout dans un Etat, tout nuit à *la liberté*. *L'instruction* (d'où dépendent *la modération* & *l'équité*, ces premiers liens des sociétés,) les *mœurs*, le *génie*, le *courage*, la *considération*, la *puissance*, la *richesse publique*, L'HONNEUR, en un mot : & ce mot renferme toutes les vertus ; car le célebre & respectable Montesquieu, s'est essentiellement trompé, lorsqu'il a établi une différence entre *l'honneur* & la *vertu*.

Le contraste des mœurs peut mettre quelque

différence dans la maniere d'exercer ou de montrer la vertu. Ces différences sont ce qu'on appelle *honneur* & *vertu*; mais le fonds en est toujours le même : c'est toujours la *vertu* qui reste. Le brave *la Noue*, surnommé *bras de fer*, reçut un soufflet d'un insolent Descorucé, avec le même sang froid, & peut-être plus de sang froid qu'il n'eût reçu la piquure d'un insecte, c'étoit-là de la *vertu* : c'étoit assurément de *l'honneur*. Un esclave énorgueilli est susceptible d'être un spadassin, & ne l'est pas de rendre le moindre service à sa patrie.

Si la liberté est le premier des ressorts pour l'homme, l'esclavage doit altérer tous les sentimens, émousser toutes les sensations & les dénaturer, étouffer tous les talens, confondre toutes les nuances, corrompre tous les ordres de l'Etat, & y semer la zizanie, germe de l'anarchie & des révolutions.

Dans un pays où le chef marche au pouvoir absolu, vous verrez l'homme de robbe Despote envers les citoyens, méprisé par les autres ordres, l'homme d'Eglise sera pour ainsi dire l'ennemi public, le militaire successivement ignorant & mercenaire, deviendra à son tour un fléau national. Tous les hommes divisés d'intérêt, & de partis, luttent les uns contre les autres, contrarient l'harmonie générale, & servent ainsi sans s'en douter le Despote dont le peuple paie, au prix de ses sueurs & souvent de sa subsistance, les plaisirs & les caprices.

Point de véritable courage, point de vertus publiques, point de vertus privées dans un tel pays ; car elles ſuivent la marche des mœurs, & les mœurs y ſont infectées de tous les genres de corruption. On n'y connoit plus le reſpect filial, (ce nœud ſacré qui, dans le plus vaſte & le plus heureux empire de l'Univers, * unit le Prince, le gouvernement & les ſujets,) l'amour de ſa femme & de ſes enfans (*Hi quique ſanctiſſimi testes, hi maximi laudatores* ;) ſource du bonheur domeſtique, ſans lequel l'homme ne peut rien, car on n'eſt & ne peut être courageux & fort au-dehors, qu'autant que l'on eſt heureux & aimé chez ſoi.

Un eſclave ne ſait pas même obéir, il ne ſait que ramper ; le favori eſt auſſi ſerf que le dernier de la nation, toute place y eſt vile ; mais avidement acceptée, parce qu'il ſeroit dangereux de la refuſer. Le courtiſan eſt toujours dans une ſituation pénible entre la crainte & l'eſpérance ; ſon air eſt une tranſition ſubite & continuelle de l'inſolence à la baſſeſſe : ſon cœur eſt le réceptacle de tous les vices ; il a ſi bien formé ſon ame, qu'on peut dire qu'il n'en a point.

En un mot un état deſpotique devient une ſorte de ménagerie, dont le chef eſt une bête *feroce*, qui n'a guere que cette prééminence ſur ce qui l'entoure. Conſidérez l'Aſie : les deſpotes y deviennent eux-mêmes les plus ſtupides automates, comme ils ſont les maîtres les plus barbares ; tant il eſt vrai qu'un engourdiſſement

* *La Chine.*

destructeur succede dans le despotisme aux convulsions sanguinaires de la tyrannie.

Nos Rois, premiers *gentilshommes & vraiment* chefs de la nation, [1] étoient les plus absolus des rois. Ce sentiment d'attachement & d'obéissance décerné à nos souverains, *premiers entre égaux*, [2] qui prisoient notre estime & recherchoient notre amour, se trouve dans les traces les plus anciennes que notre histoire nous transmette. Chez les anciens Germains, l'autorité civile étoit très-contenue & très-limitée; (3) mais l'attachement pour les chefs étoit sans bornes, ils étoient tout puissans, dit Tacite: *si conspicui; si prompti, si ante aciem agant*: alors c'étoit un déshonneur de leur survivre dans

---

[1] " Je vous supplie, Madame, disoit François I en informant sa mere de la levée du siege de Mezieres: je vous supplie vouloir mander par-tout fere remersyer Dieu; car sans point de faute, il a montré ce coup qu'il est bon françois. "

[2] Les Rois n'étoient si précisément que cela chez les nations Septentrionales, qui se ressembloient toutes par leurs mœurs, leurs coutumes, leurs traditions, &c. qu'il y avoit une amende légalement infligée & perçue pour l'assassinat du Prince, comme pour celui de tout autre citoyen, avec cette différence qu'elle étoit plus forte.

M. d'Alembert a très-bien prouvé que *princeps*, relativement à *comites*, [*Principes pro victoriâ pugnant, comites pro principe*. Tacit. mor. Germ.] ne pourroit signifier *que chef de ses compagnons*. (Primus inter pares.)

Il est indubitable que le mot de *prince* dans sa vraie signification veut dire: *une personne du premier ordre de l'Etat*. On sait que nos premiers rois traitoient les Pairs de *principes & primates regni*.

(3) [*Lib. 6. c.* 23.]

un

un combat; & quand la nobleſſe pouvoit dire qu'elle étoit l'ornement du trône en tems de paix, & ſon rempart en tems de guerre, (*in pace decus, in bello præſidium*) ſon chef étoit plus deſpote que le célebre Darius, que tant d'eſclaves ne purent défendre contre un petit nombre d'hommes libres.

Dans un tems tout militaire, ſous un jeune conquérant, un ſoldat oſe dire à ſon chef, à ſon Roi qui le prie : *nihil accipies niſi quæ tibi vera ſors largitur*. Clovis, obligé de diſſimuler, ne peut & n'oſe ſe venger ; il attend un moment de revue, [1] il châtie le farouche ſoldat ; mais c'eſt ſous le prétexte d'une faute de diſcipline militaire ; il punit comme général, & ne prétend rien comme Roi ; encore ajouterai-je qu'il fut juge & bourreau ; craignant ſans doute que ſa vengeance confiée à d'autres mains ne fût trompée.

La réponſe de ce ſoldat eſt féroce ſans doute, (2) mais quelle conſtitution que celle où l'on

[1] Les plumes gagées par le gouvernement, ont oſé avancer dans un livre nouvellement imprimé, & dont le titre m'a échappé, que ce ſoldat fut puni au même inſtant, & ont démenti ainſi *Grégoire de Tours* dans un des faits les plus connus & les mieux conſtatés de notre hiſtoire : ce nouveau monument d'ignorance & de lâcheté eſt encore dû à M. Linguet, ſi je ne me trompe.

(2) L'exemple de Clotaire I eſt bien plus étonnant encore, & bien moins cité. En 553 ce prince vouloit accorder la paix aux Saxons qui lui offroient une groſſe ſomme d'argent. L'armée vouloit livrer bataille. Le Roi renouvella ſes inſtances : les François ſe jetterent ſur lui, déchirerent ſa tente, dont il l'arracherent. En un mot, il auroit couru le plus grand danger, s'il n'eût conduit ſes troupes à l'inſtant à l'ennemi. [*Grégoire de Tours*.]

peut puiser une telle férocité ? Combien le droit de propriété y étoit respecté, quelle nation que ces Francs. Observez leur histoire : quels hommes ! quel nerf ! mais aussi, quel attachement ! quelle générosité !

„ Notre Roi, dit Comines ; * est le Seigneur „ du monde, qui le moins a causé d'user de „ ces mots : *j'ai privilege de lever sur mes subjects* „ *ce qui me plaît* : & ne lui font nul honneur „ ceux qui ainsi le disent pour le faire estimer „ plus grand, mais le font haïr & craindre aux „ voisins, qui pour rien ne voudroient être sous „ sa Seigneurie, & même aucuns du royaume „ s'en passeroient bien ; qui en tiennent, mais „ si notre roi ou ceux qui le veulent élever ou „ agrandir, disoient : *j'ai des sujets si bons & si* „ *loyaux qu'ils ne refusent choses que je leur de-* „ *mande, & suis plus craint, obéi & servi de* „ *mes sujets, que nul autre prince qui vive sur la* „ *terre, & qui plus patiemment endurent tous* „ *maux & toutes rudesses, & à qui moins il sou-* „ *vient de leurs dommages passés* ; il me semble „ que cela lui seroit grand los, & en dis la vé- „ rité, que non pas de dire : *je prends ce que* „ *je veux & en ai privilege : il le me faut bien* „ *garder*. Le roi Charles-Quint ** ne le disoit „ pas : aussi ne l'ai-je point oui dire aux rois, „ mais je l'ai bien oui dire à aucuns de leurs „ serviteurs, auxquels il sembloit qu'ils fai-

* *Chap.* 19. *édit. Lond.* 1747.
** *Charles V.*

„ soient bien la besogne : mais, selon mon
„ avis, ils méprenoient envers leur seigneur,
„ *& ne le disoient que pour faire les bons valets,*
„ *& aussi qu'ils ne savoient ce qu'ils disoient.*

„ Et pour parler de l'expérience de la bonté
„ des François, ne faut alléguer de notre tems
„ que les trois Etats tenus à Tours, après le
„ décès de notre bon maître Le roi Louis XI,
„ [à qui Dieu fasse pardon,] qui fut l'an 1483.
„ L'on pouvoit estimer lors que cette bonne
„ assemblée étoit dangereuse, & disoient quel-
„ ques-uns de petite condition & de petite
„ vertu, & ont dit plusieurs fois depuis, que
„ c'est un crime de leze-Majesté que de parler
„ d'assembler les Etats, & que c'est pour di-
„ minuer l'autorité du roi, & ce sont ceux qui
„ commettent ce crime envers Dieu & le roi,
„ & la chose publique, mais servoient ses pa-
„ roles, & servent à ceux qui sont en autorité
„ & crédit, sans en rien l'avoir mérité.

„ Est-ce donc sur tels subjects que le roi
„ doit alléguer privilege de vouloir prendre à
„ son plaisir, qui si libéralement lui donnent.
„ Ne seroit-il pas plus juste envers Dieu & le
„ monde, de lever par cette forme que par
„ volonté désordonnée? *car nul Prince ne le peut*
„ *autrement lever que par oſtroy, comme je l'ai*
„ *dit si ce n'est par tyrannie & qu'il ait excuse.* "

Qu'on juge par ce beau fragment de l'amour des François pour leurs rois dans les tems où ils osoient parler avec autant de hardiesse.

Pourquoi redouter un peuple susceptible de

force ! Ne feroit-il pas plus avantageux de mériter fon affection.

L'homme n'eft pas méchant quand une inftitution fuperftitieufe, ou un gouvernement tyrannique, ne lui donnent pas l'exemple de la férocité, & ne lui laiffent pas pour tout mobile la crainte, & pour toute paffion la *cupidité*.

Lorfqu'une adminiftration defpotique a corrompu & dénaturé les hommes, ils peuvent devenir les plus dangereux & les plus infatiables animaux deftructeurs. Tel qui rampa fous l'inquifition, fe fignala par fes forfaits dans le nouveau monde. [1]

De même dans les Etats où l'anarchie, fuite inévitable du defpotifme [2] s'eft introduite,

---

[1] Ces monftres féroces qui lançoient avec des dogues des hommes fimples, & fuyant des fupplices affreux ; ces conquérans avides d'or, de fang & de carnage, qui virent fans étonnement les prodiges d'induftrie d'un peuple alors plus civilifé que notre Europe ne l'étoit dans ces tems fauvages, croyoient fans doute que les infortunés Mexicains méritoient anathême ; parce que leurs Prêtres offroient à leurs dieux des facrifices du fang humain. Les inquifiteurs Efpagnols n'étoient-ils pas plus criminels quand ils joignoient aux pratiques d'une fuperftition auffi cruelle, l'intérêt de leur cupidité ; puifque le bien de leur victime étoit confifqué à leur profit, tandis que les prêtres Méxicains n'étoient du moins que des fanatiques.

[2] L'exiftence des hommes opprimés par le Defpotifme feroit trop affreufe, fi l'anarchie ne lui fuccédoit pas ; car c'eft elle qui le renverfe, & c'eft dans fon fein que germent les révolutions qui régénerent la fociété, & vengent les hommes. Ainfi tout femble fuivre dans l'ordre des chofes humaines une révolution conftante & nous retraçons fans ceffe la circonférence du cercle dans lequel nous fommes circonfcrits. L'on *pourroit approprier aux hommes*, dit Etienne

les hommes deviennent des bêtes furieuſes, après avoir été des eſclaves. C'eſt alors l'époque *des St. Barthelemi*, *des Poltrot de Méré*, *des Jacques Clément*, *des Ravaillac*.

Mais il faut diſtinguer chez les hommes le caractere acquis, des penchans naturels; nous ſommes de tous les êtres les plus ſuſceptibles de modifications & ſur-tout de paſſions extrêmes. Un peuple eſclave eſt toujours vil; il peut être méchant & cruel; car il eſt aigri, ſombre & ignorant; & quand l'inſtruction ne ſeroit pas le ſeul rempart de la liberté contre la tyrannie, elle ſeroit toujours la premiere ſauve-garde de l'homme contre l'homme, mais l'eſclave eſt un homme mutilé. L'homme eſt fait pour la liberté comme l'air qu'il reſpire. Un maillot trop reſſerré eſtropie l'enfant auquel la nature deſtinoit peut-être les plus belles proportions. De même un gouvernement arbitraire altere toutes les difficultés morales.

Laiſſez l'homme libre; rendez-le heureux, & fiez-vous à lui pour vous recompenſer du mérite d'être juſte.

O combien eſt *mépriſable* un grand *mépriſé*! puiſque tant d'illuſions concourent à nous maſquer ſes vices; puiſque les hommes ſont natu-

---

Paſquier, *ce que le commun peuple dit des maiſons nobles; qu'elles ſont cent ans bannieres & cent ans civieres.*

La *proſpérité* naît ſous les pas de la *liberté*. On abuſe de cette *proſpérité*, & la ſervitude lui ſuccede bientôt; la *ſervitude* parvenue au dernier période, amene une *révolution* qui redonne la *liberté*, &c. Le branle du *pouſſin* eſt une idée ſublime; elle peut s'étendre à tout.

rellement portés à savoir gré des actions honnêtes les plus simples, à ceux qui sont revêtus du pouvoir de faire le bien & le mal.

Quand le peuple est libre, il est moins mauvais juge qu'on ne croit communément. Quand il est esclave, il juge comme on le fait juger.

Les hommes ne se sont-ils pas fait dans tous les tems des divinités de ce qui leur fut utile?

Moritasgus, *Verjugodomnus*, *Beladucradus*, *Hogotius*, *Endovellicus*, furent déifiés par les agrestes Gaulois; c'étoient des fondateurs de sociétés, des bienfaiteurs des hommes.

Un *Flaccus*, un *Verrès*, se firent décerner les honneurs divins en Grece, en Asie; mais ils furent la terreur de leurs contemporains, comme ils sont l'exécration de la postérité.

Les méchans calomnient le plus souvent les hommes, quand ils déclament contre leur injustice. Nous sommes tous ou presque tous équitables, lorsque nous apprécions les actions de nos semblables. Nous allons naturellement au-devant de ceux qui nous font du bien; & si les hommes ont quelquefois persécuté ceux qui cherchoient à les éclairer, c'est depuis que les fanatiques, les envieux, les méchans, c'est-à-dire tous les instrumens, ou les complices, ou les protégés du Despotisme, se sont fait des partis, & ont ameuté leur cabale contre le mérite qui blessoit leur amour-propre, ou confondoit leurs projets.

Laissez un libre cours à l'instruction; elle sera accueillie par tous, & fera le bien de tous.

Les Despotes, & les Despotes mal-habiles,

ſont les ſeuls qui puiſſent redouter le jugement d'un peuple éclairé & libre ; car *rien*, dit un ancien, *n'eſt auſſi ſuſpect & ne fait tant d'ombrage aux méchans que la vertu.* (1) L'excellent & reſpectable Alfred, dont le génie, reſſerré par ſon ſiecle & les mœurs féroces de ſon peuple, ne pouvoit ſe livrer à ſes grandes & nobles vues, gemiſſoit du peu d'inſtruction de ſes ſujets, & s'écrioit: *pourquoi les Anglois ne peuvent-ils pas, comme il ſeroit ſi juſte, être auſſi libres que leurs propres penſées?*

Un tel homme ſentoit qu'il auroit été bien plus réellement maître d'une nation éclairée, & qu'il y auroit eu une toute autre influence.

Charlemagne, Charles V, & tous les grands Rois ont excité & encouragé l'inſtruction, & regardé l'ignorance comme le plus grand des malheurs pour les Princes auſſi-bien que pour les ſujets.

Les obſtacles apportés à l'inſtruction, les prohibitions qui gênent les preſſes, & la publication des écrits publics, ſont les premieres armes du Deſpote, & celles dont l'effet eſt le plus cruel à la liberté. Tibere fut le premier Deſpote Romain qui oſa hazarder cet acte de tyrannie. (2) On ſait qu'Edouard I. fit condamner &

---

(1) *Nam regibus boni quàm mali ſuſpectiores ſunt, ſemperque his aliena virtus formidoſa eſt.* (Salluſt. Catilina.)

(2) " *Cornelio Coſſo, Aſinio Agrippâ Coſſ. Cremutius Cordus* „ *poſtulatur, novo ac tùm primùm audito crimine quod editis anna-* „ *libus, Laudatoque M. Bruto, C. Caſſium Romanorum ultimum*

exécuter tous les Poëtes Gallois, après la conquête du pays de Galles, de peur que la tradition poétique de son ancienne indépendance, n'enflammât ce pauvre peuple du desir de la recouvrer.

Cette politique qui interdit la liberté d'écrire & de plublier ses pensées, est aussi mauvaise comme *politique*, qu'elle est barbare comme *loi*.

Elle est *mauvaise*, parce qu'elle doit inspirer la plus grande méfiance contre les intentions du Gourvernement.

Parce qu'elle doit établir entre le peuple & ses chefs la confusion de la Tour de Babel.

Parce qu'elle rend inévitables les fautes *des Ministres*, qui ne sont ni éclairés, ni conseillés ni redressés, qui ne craignent plus ni la critique, ni les plaintes, ni le jugement sévere de l'opinion publique qui ne peut plus se manifester.

Les Loix des douze Tables furent exposées un an entier aux yeux de tous, avant d'être promulguées. Tous les accueillirent & les respecterent.

Cette politique est barbare; car comment qualifier autrement la constitution d'un Etat, où le Roi peut toujours faire la guerre à la nation, sans que la nation puisse jamais être instruite

---

„ *dixisset.* " Cremutius, dans le discours de défense qu'il tient en plein Sénat, & que Tacite nous a conservé, dit: „ *Marci ciceronis libro, quo Catonem cœlo equavit, quid alind dictator Cæsar, quàm rescriptâ oratione, velut apud judices respondit.* "

de ses droits, des injustices qu'elle endure, des vexations dont elle est la proie; sans qu'il soit possible de se plaindre des Ministres, de détromper le maître, de lui lier les mains s'il devient un tyran?

Qu'est-ce qu'une constitution où les satellites du Despote peuvent toujours séduire & tromper une partie des citoyens, tandis qu'il n'est jamais permis à leurs compatriotes éclairés de les détromper?

Qu'est-ce qu'un Gouvernement où l'on tient pour maxime, & pour ainsi dire pour *Loi* : *que toute regle, toute forme, toute représentation, tous droits s'anéantissent à l'arrivée du Prince?* * (adveniente principe cessat magistratus) & où personne n'a le courage & le pouvoir de dévoiler & de renverser cette maxime, aussi dangereuse & effrayante qu'elle est absurde & ridicule? Il seroit incroyable qu'elle fût admise dans un pays sorti de la barbarie, si les Rois de France n'avoient pas usé en mille occasions de cette étrange prérogative. Il ne leur restoit plus à faire que ce qu'ils ont fait, c'étoit d'anéantir la Magistrature, ou ce qui est plus tyrannique & plus dangereux encore, s'il est possible, c'étoit de l'*avilir*. C'est assurément ici la place de dire un mot de cet acte d'autorité formidable.

A l'époque de la destruction des parlemens, de cette singuliere révolution qui s'est faite, pour ainsi dire, d'elle-même, & qui n'a coûté à celui

---

* *Encyclop. art. Lit de Justice.*

qui en a paru l'auteur, que la peine de recueillir le fruit du long esclavage des François; à cette époque, dis-je, beaucoup d'étrangers (1) ont applaudi à ce que l'on appelloit improprement *le nouveau système*, & cela n'est pas étonnant.

Ils n'ont vu dans ce changement que l'abolition de la vénalité des charges, (abus presque intolérable aux yeux de la raison, dont l'exemple unique se trouvoit en France), & l'établissement de la justice *prétendue gratuite*; illusion grossiere, dont le méprisable *Maupeou* a voulu leurrer la nation, quoique le manque de moyens & la sordide cupidité, ne lui aient pas permis de la tromper long-tems. (2)

Peu d'étrangers connoissent à fond la Constitution Françoise, parfaitement ignorée de presque tous les François (3). Peu d'étrangers savoient qu'au premier soupçon que la nécessité

---

(1) Je ne parle que des étrangers; car les partisans François de ces nouveaux établissemens ne l'étoient que par ignorance, fanatisme, esprit d'intérêt ou de vengeance, & ils ne sont pas dignes qu'on fasse mention d'eux.

(2) C'est bien de lui qu'on a pu dire *non tam commuttandarum quàm evertendarum rerum cupidus.* (Cicer. de off. L. II. c. 1.)

(3) Pas un seul historien François n'est satisfaisant à cet égard, & n'a, pour ainsi dire, effleuré cette matiere. *Tite-Live*, *Salluste*, *Tacite*, *César* lui-même encadroit sans cesse dans l'histoire des faits celle des Loix & des usages; & nos annalistes craindroient d'afficher le pédantisme de la jurisprudence, s'ils prenoient la même peine; mais cela même tient encore à la liberté. Tout citoyen à Rome avoit droit d'être instruit de ce qui l'intéressoit: nul n'étoit taxé sans savoir sous quelle forme, d'après quelque calcul, & pour quel emploi. Nul ne subissoit un jugement sans connoitre les loix d'après lesquelles il seroit rendu. Des hommes puissans pou-

de la distribution *gratuite* de la justice serviroit de prétexte au Chancelier, les parlemens l'avoient offerte ; personne n'a pensé que l'abolition de la vérité des charges n'avoit pas même été mise en délibération.

Mais ce que tout homme éclairé devoit sentir, c'étoit la violation manifeste & authentique d'un si grand nombre de propriétés. Or toutes les propriétés se tiennent inséparablement comme les chaînons d'une même chaîne & sont également sacrées : celui qui en attaque une, est l'ennemi public ; car par cela même il les attaque toutes.

Il ne naît pas, en quatre siecles, quatre hommes capables de prévoir jusqu'où peuvent aller les innovations ; d'où l'on doit conclure que les changemens ou les nouveaux établissemens constitutifs sont rarement sans dangers.

Il n'étoit pas difficile de prévoir que les hommes, presque tous déintéressés de la chose publique, assez vils pour dépouiller leurs compatriotes (1), & pour s'imposer le devoir effrayant de décider sur les propriétés & la vie des citoyens, sans avoir jamais étudié les loix (2), pourvus d'une existence fragile, précaire, avilie, que les

voient & devoient sans cesse reclamer pour le peuple, & cette réclamation ne pouvoit jamais être éludée. Nulle partie de l'administration n'étoit voilée. L'autorité qui s'avance au Despotisme cherche à tout dérober & son premier soin est de tout désunir.

(1) *Quis autem amicitior quam frater fratri, aut quem alienum fidum invenies, si tuis hostis fueris.* (Salust. jugurt.)

(2) c'est à l'érection de ces nouveaux juges qu'on a pu dire avec Tacite : *que la république étoit aussi tourmentée par les loix mêmes qu'elle l'étoit auparavant par les vices. Utque antehàc flagitiis, tunc legibus laborabatur.* (Ann. lib. 3.)

hommes gagés par la cour, esclaves très-rampans du Roi, ou ce qui est pis encore de son Chancelier, n'avoient pas le courage de lutter contre les coups d'autorité, & d'instruire la nation par leur résistance; que quand ils auroient ce courage, ils n'en auroient ni le droit ni le pouvoir, par la raison que je renvoie mon valet lorsqu'il me désobéit.

Oh! que le judicieux & pénétrant Philippe de Comines semble bien avoir lu dans l'avenir, quand il a dit: (1)

„ Le Prince tombe en telle indignation envers notre Seigneur, qu'il fuit les Compagnies „ & conseils des sages, *& en éleve de tout neufs,* „ *mal sages, mal raisonnables, violens, flatteurs,* „ qui lui complaisent à ce qu'il dit: *S'il veux* „ *imposer un denier, ils disent deux: s'il ménace* „ *un homme, ils disent qu'il faut le pendre*; & de „ toute autre chose le semble, *& que sur-tout* „ *il se fasse craindre....* Ceux que tels Princes „ auront ainsi avec ce conseil chassé & debouté, „ & qui par longues années auront servi, & „ ont accointance & amitié en sa Terre, sont „ mal contens, à leur occasion quelques autres „ de leurs amis & bienveuillans; & par aventure on les voudra tant presser, qu'ils seront „ contraints à se défendre où de fuir vers quelques petits voisins.

---

(2) (*Mem. liv. V. cap. 19.*) *édit.* 1747) On trouvera quelque chose de plus frappant encore, par l'application qu'on en peut faire aux soi-disant nouveaux parlemens, dans un manifeste de Charles VII, encore Dauphin, alors à Poitiers avec le reste du vrai Parlement; il exhale les vérités les plus dures contre le nouveau parlement, erigé par Isabeau de Baviere. (*Voy. Froissart.*)

„ Et ainsi par division de ceux de dedans le „ pays, y entreront ceux du déhors. "

La premiere de ces prophéties se vérifie depuis long-tems : la seconde aura son tour.

La plus grande partie des François gémiroit encore de ce prétendu malheur, tant la nation est fidelle & constante, & tant les liens de l'opinion sont difficiles à dissoudre.

Pour moi, citoyen du monde, frere de tous les hommes, fidéle sujet des bons Rois, ennemi de tous les tyrans, j'envisagerai ce spectacle avec indifférence, si les François ne font que changer de maître : j'en serai témoin avec joie, si leur sort doit être meilleur ; *Or, après un regne despotique, le meilleur jour est le premier.* (1)

Je n'ai d'autres intérêt que celui de la vérité, je n'ai d'autre occupation que celle de la publier.

La persécution ne m'effraie pas, car la fortune & la faveur ne sauroient me séduire ; je ne voudrois pas que ma nation méritât le reproche que Tibere faisoit aux Romains, (2) & que nos princes eussent plus à se plaindre de la bassesse de leurs sujets, que les sujets de la répugnance que leurs princes ont à entendre la vérité.

Je l'ai dite telle que je la savois, telle que je la voyois. Puissai-je inspirer à des citoyens plus habiles & plus éloquens que moi le courage nécessaire pour apprendre à leurs compatriotes, que chacun d'eux n'est en société que

---

(1) *Optimus est post malum principem dies primus.* (Tacit. Hist.)
(2) *O homines ad servitutem paratos?*

pour retirer de cette association son plus grand avantage ; qu'un roi, chef de la société ; n'est institué que par elle & pour elle.

Que tout souverain qui se dit tel, *par la grace de Dieu*, (1) ressemble à Xerxès, enchaînant les mers, (2) ou frappant de verges le mont Athos, s'il opprime son peuple & que ce peuple se souleve ; car Dieu ne sauroit être que le juge inexorable & terrible des tyrans.

Que si *l'Hercule* de la fable ou le *Samson* de l'histoire sacrée existoient, & qu'un pouvoir surnaturel les rendit invulnérables, la force suffiroit peut-être aux tyrans ; mais que la force la plus prodigieuse, succombant sous l'effort d'un très-petit nombre d'hommes, chacun de nous, depuis le plus superbe potentat jusqu'au dernier individu de la société, a besoin du laboureur qui seme & recueille, & de tous les hommes ses semblables, qui l'aideront s'ils en sont aidés.

Qu'aucun homme n'a droit d'opprimer un autre homme ; car aucun ne voudroit être opprimé ; & si l'on tire un droit de la force, un autre plus fort pourra toujours revendiquer le même droit.

---

(1) Charlemagne fut le premier qui employa ces mots : *gratiâ Dei rex* ; il eût été noble, & digne de ce grand homme d'ajouter, *& consensu populorum*.

(2) Le célebre *Canute*, le plus puissant prince de son tems, se laissa mouiller par les vagues de la mer, aux yeux des flatteurs qui vantoient sa puissance illimitée : belle leçon pour l'orgueil des humains !

Que le citoyen peut & doit défendre sa liberté avec courage, & opiniâtreté : que celui même qui la défendroit avec frénésie, ne seroit pas plus coupable que celui qui se précipiteroit avec rage sur le ravisseur de sa femme & de ses enfans, sur l'assassin qui en voudroit à sa vie ; car l'une & l'autre défense sont pour lui les plus sacrés des devoirs.

Que l'homme n'a pas le droit d'apprécier pour un autre homme le prix de la liberté ou le poids de la servitude. (1)

Mais qu'il doit toujours assistance à son semblable, pour recouvrer celle-là & briser celle-ci ; car son intérêt & la nature lui en imposent également le devoir.

Que *les hommes ne doivent plus reconnoître* (2) *une puissance qui ne les nourrit pas*, & qu'ils doivent par conséquent renverser la puissance qui les pille & les opprime. Dans les contrées infortunées, ou s'exerce une telle puissance, on défend sous des peines afflictives la poursuite des sangliers qui ravagent les moissons. Le gouvernement est en effet trop ressemblant à ces animaux voraces & destructeurs, pour ne pas les prendre sous sa sauve-garde. (3)

---

(1) *Nous craignons la mort & l'exil*, disoit Cicéron ; *& combien donc devons-nous redouter la servitude, le pire de tous les maux qui affligent l'humanité. Mortem & ejectionem quasi majora timemus quæ multò sunt minora.*

(2) *Les Chinois*, dit l'auteur de l'hist. polit. & philos. du comm. de deux Indes, *ne reconnoissent plus une puissance qui ne les nourrit pas.*

(3) Sous Guillaume le conquérant, qui dépeuploit de vas-

Que le Despotisme, qui s'est introduit généralement dans presque toutes nos constitutions Européennes, a dénaturé toutes les langues, toutes les idées, tous les sentimens mêmes.

Que l'intérêt personnel, devenu le mobile & le juge de toutes les actions humaines, a reculé sans cesse les bornes de l'autorité pour recevoir le prix de ses ménagemens.

Que pour pallier à leurs propres yeux leur foiblesse & leur lâcheté, les esclaves ont multiplié continuellement les acceptions & augmenté la force des mots, *devoir*, *obéissance*, *soumission*, mais que ces mots sont abusifs & ne renferment aucun sens, lorsqu'ils ne sont pas le résultat des principes dont la reconnoissance des droits de l'homme est la base.

Que les prêtres, partisans & fauteurs du despotisme, caractere distinctif de leurs prétentions & de leur esprit, soutiennent en vain *le dogme de l'obéissance passive*; mensonge stupide, fausseté monstrueuse, imputée à Dieu, attribuée à l'écriture.

Que de tels principes sont une injure faite à la Divinité, & qu'un tyran ne sauroit être *l'oint du Seigneur*.

Que la religion chrétienne enseigne une morale

---

tes territoires pour planter des forêts, on crevoit les yeux à quiconque tuoit un sanglier, un cerf, ou même une lievre, dans le même tems où l'on payoit une amende modérée pour le meurtre d'un homme. (*Voyez M. Hum.*) Louis XI aimoit passionnément la chasse, il la défendit. (*Voyez M. Duclos.*)

rale absolument contraire. * „ Les Grands, di-
„ soit un de ses plus respectables ministres à
„ un respectable Despote, qui avoit tant sacrifié
„ d'hommes & de récoltes à sa gloire : les *Grands*
„ *ne doivent leur* élévation qu'aux besoins pu-
„ blics & loin que les peuples soient faits pour
„ eux ; ils ne sont eux-mêmes, tout ce qu'ils
„ sont que pour les peuples. Quelle affreuse
„ providence, toute la multitude des hom-
„ mes n'étoit placée sur la terre que pour ser-
„ vir aux plaisirs d'un petit nombre d'heureux
„ qui l'habitent ! .... Ils perdent, ajoute-t-il, le
„ droit & le titre qui les fait Grands, dès qu'ils
„ ne veulent l'être que pour eux. "

Que toute autre morale est impie ; car elle est inhumaine : que tout autre langage part d'un lâche adulateur ou d'un fanatique forcené.

Que la Loi Divine, qui ne sauroit être que la plus avantageuse pour l'humanité, ordonne de *dire* & de *publier* la vérité : „ où est son défen-
„ seur dit St. Ambroise, si du moment qu'on la
„ voit, on la dit sans honte & sans crainte. " (1)

Qu'il faut se méfier de tous les pieges qu'on offre à la crédulité du peuple, qui doit croire que toute maxine contraire à son bonheur ou à sa liberté, est aussi criminelle aux yeux de l'Etre suprême qu'à ceux de notre raison, que nous tenons tous de sa bienfaisante Toute Puissance.

---

* *M. Massillon, petit carême sur l'humanité des Grands.*

(1) *Ille veritatis defensor esse debet qui cum rectè sentit loqui, non metuit nec erubescit.*

Qu'il faut donc mépriser les superstitieux & abhorrer les fanatiques.

Qu'il faut repouser aussi cette urbanité si vantée, dont les Despotes tâchent de bigarrer nos mœurs, qui suit constamment la marche de la corruption.

Qu'il faut craindre de ressembler à ces *Bretons*, chez lesquels Agricola introduisit le luxe & l'Elégance Romaine, qui y firent de tels progrès, que les peuples conquis imitoient jusqu'aux vices de leurs maîtres, & décorerent du nom de *politesse* la partie la plus réelle & la plus durable de leur servitude. (1)

Que dans les siecles polis, où les mœurs sont revêtues d'un vernis si uniforme & si agréable, cette écorce séduisante couvre tous les vices, *je veux dire la cupidité, l'orgueil & la lâcheté.*

Que la douceur, l'indolence, l'inertie, présagent la décadence, & masquent la servitude.

Que la mollesse est plus dangereuse en France qu'en tout autre pays, parce qu'ailleurs elle *abrutit*, & qu'en France *elle rend l'esprit faux & délicat*; * de sorte qu'elle a plutôt altéré les mœurs.

Que ce sauvage Athénien qui répondit, aux offres de service du Despote Macédonien: *fais pendre Philippe*: [2] n'étoit pas propre sans

---

(1) *Paulatimque discessum ad delinimenta vitiorum „ porticus & „ balnea, & conviviorum elegantiam: idque apud imperitos hu„ manitas vocabatur, cum pars servitutis esset.* [Tacit. vit. Agricol.]

* *Ami des hommes.*

[2] Démochares, envoyé d'Athenes, à qui Philippe de-

doute à être courtisan ; mais qu'il étoit bien moins susceptible encore d'être un vil esclave, & que nous aurions besoin aujourd'hui de tels hommes plutôt que de diserts orateurs. (1)

Que la présomption a perdu l'Europe (2) & notre patrie : qu'on ne loue guere les petits talens ; que quand on n'a point de grandes vertus ; nous n'en avons plus assez pour rougir de celles de nos peres, en laissant retomber les yeux sur notre siecle : & grace *au bon ton* introduit dans la société : nous *persifflerions* aujourd'hui les *Bayards* & les *du Guesclin*, parce que nous ne pouvons plus les imiter.

Que nos peres, dont une triple enveloppe d'airain défendoit l'honneur & la liberté, n'eussent pas été impunément le jouet d'une cohorte de publicains & de ministres plus avides encore : que ces dignes guerriers n'eussent pas plus souffert l'oppression intérieur que les insultes du dehors.

---

mandoit : *ce qu'il pouvoit faire pour le service de la république.*

(1) Qu'on ne prenne point ceci comme une satyre contre les gens de lettres, si l'on peut appeller ainsi les *Moreau* & les *Linguet* ; j'ose assurer que ceux de cette espece sont rares. Ce ne sont point les écrivains à réputation, du moins aujourd'hui, qui fomentent l'esclavage. En cultivant la raison, & répandant les lumieres, ils font connoître les *droits* & *les devoirs* s'il en est quelques-uns qui laissent échapper des principes trop peu réfléchis, ou qui sacrifient à l'harmonie des mots la justesse d'une pensée, il en est beaucoup qui parlent avec une hardiesse très-noble de la liberté, & j'ai vu ces morceaux applaudis avec enthousiasme au théatre & aux séances publiques des académies. J'ose le dire : en général, les ames se relevent tellement qu'il faudra bientôt du courage pour être lâche ; & la nation reprendroit bientôt son énergie, sans les tyranniques vexations du Gouvernement.

(2) Voyez les Anglois, &c. &c. &c.

Qu'il ſeroit tems d'eſſayer ſi leur mâle & généreuſe rudeſſe ne vaudroit pas notre inépuiſable patience ; (1) & qu'alors la France ne ſeroit plus l'objet du mépris des étrangers & la victime de l'oppreſſion la plus abſolue & la plus multipliée.

Puiſſai-je entendre dire enfin aux Princes, avec non moins de hardieſſe & de vérité !

Il faudroit bien de l'audace aux Deſpotes, s'ils réfléchiſſoient ſur les ſuites du Deſpotiſme.

De tous les Empereurs qui ſuccéderent à Jules-Céſar, juſqu'à Veſpaſien, (2) aucun ne mourut que de mort violente.

L'Aſie en proie au fléau deſtructeur nommé *Deſpotiſme*, dont elle fut le berceau, nous offre le théatre des révolutions les plus fréquentes & les plus ſanglantes.

On compte les tyrans qui ſont morts dans leur lit d'une mort naturelle.

L'INJUSTICE, *en un mot a bien ſouvent détrôné des Souverains ; mais elle n'a jamais affermi les Trônes.* [3]

O Rois qui vieilliſſez dans une longue enfance ; vous que la facilité, plus que l'intérêt, mene

---

(1) *Patientia ſervilis*, dit Tacite.

(2) Auguſte fut empoiſonné par *Livie* ſon épouſe ; *Tibere* fut étouffé par *Macron* ſon favori, pour frayer le chemin du trône à *Caligula*, qui périt par la main des officiers de ſa propre garde. *Agrippine* empoiſonna *Claude* ſon mari. Néron termina lui-même ſa vie. *Galba* périt auſſi bien que *Vitellius* par la main des ſoldats. *Othon* enfin ſe poignarda lui-même.

[3] *Maſſillon, ſur les obſtacles que la vérité trouve dans le cœur des Grands.*

[Petit carême.]

à la tyrannie, tremblez que votre propre intérêt, votre plus chere idole, dessille vos yeux & réveille en vous la crainte prudente & les remords effrayans. Les mains du fanatisme attenterent sur les Princes les plus chéris & les plus dignes de l'être. Quel Despote osera dévaster ses Etats sans crainte ! quel tyran peut espérer d'opprimer impunément vingt millions d'hommes.

Le citoyen honnête à qui l'amour de la liberté donne le courage d'écrire & de publier cet ouvrage, aussi estimable pour les principes que foible par son exécution ; le citoyen honnête qui ose se plaindre à vous de vous, abhorre les assassins ; & se précipiteroit au devant de l'esclave forcené, qui leveroit une main criminelle sur votre sein.

Mais ce même citoyen seroit aussi le premier à repousser vos cohortes mercénaires, & crieroit à ses compatriotes :

Le Monarque n'est respectable qu'alors qu'il est le pere, le défenseur, l'organe de la patrie ; pour l'avantage de laquelle il fut élevé.

Le devoir, l'intérêt (1) & l'honneur ordon-

---

(1) Il existe en Angleterre une loi obtenue par la chambre des communes sous le regne de l'usurpateur Henri IV ; par laquelle il est porté qu'aucun Juge, convaincu d'avoir prévariqué dans ses fonctions, ne pourroit être excusé sur l'allégation justificative d'un ordre & même d'une menace du Roi, quand il auroit risqué sa vie en y résistant. [*Voy. M. Hum. hist. de Plantagenet.*]

Cette loi, belle & sage dans ses dispositions, est, dans tous les sens & tous les cas possibles, conforme à l'exacte équité, car celui qui ne se sent pas la force de remplir un devoir, quelque risque qu'il court en s'en acquittant, ne doit pas se l'imposer.

nent de résister à ses ordres arbitraires, & de lui arracher même le pouvoir, dont l'abus peut entrainer la subversion de la liberté, s'il n'est point d'autres ressources pour la sauver.

Vous devez tout à l'observation des Loix, & vous n'etes tenu à *l'obéissance* & au *respect* que relativement à elles.

Oui, Prince : vous êtes assez malheureux pour ne l'avoir jamais entendu ; mais il est tems de l'apprendre :

„ Où la liberté perd ses droits : là se trouve „ la frontiere de votre Empire.

Puissiez-vous, en entendant ces vérités nouvelles, vous réveiller du profond assoupissement dans lequel vous êtes plongé, ranimer votre ame à la véritable gloire, je veux dire, à celle de réparer ses fautes, & vous crier : „ soulageons mon peuple, élevons ma nation ; il en „ est tems encore, car j'apperçois quelques traces de la liberté mourante. „ [1]

---

[1] *Manebant etiam tum vestigia morientis libertatis.* [Tacit. annal.]

FIN.

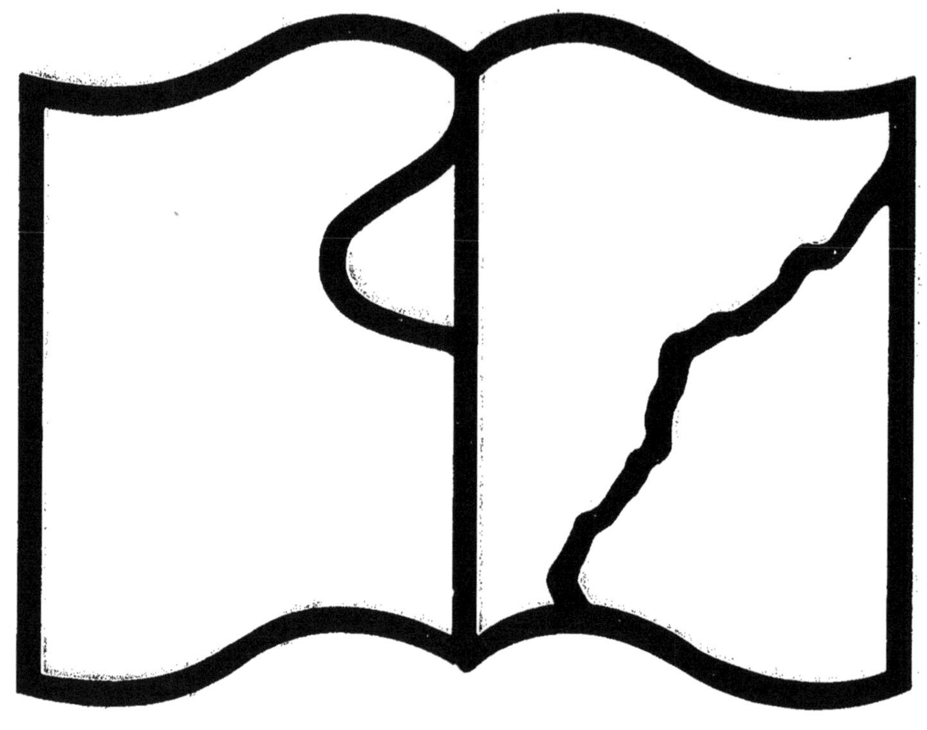

Texte détérioré — reliure défectueuse

NF Z 43-120-11

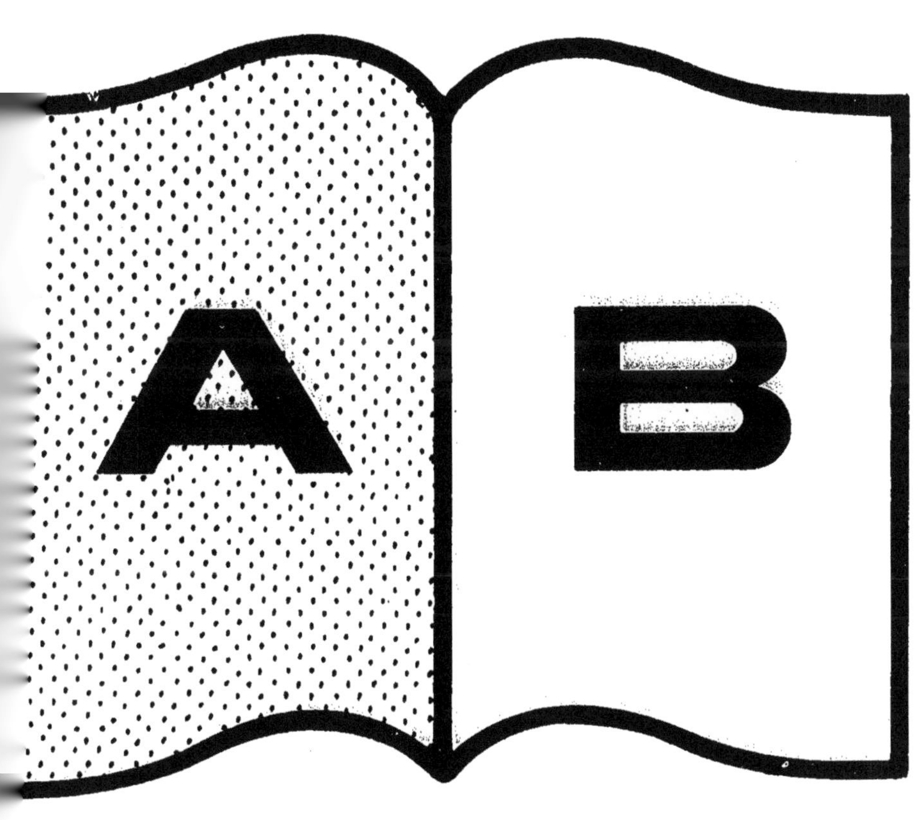

Contraste insuffisant

www.ingramcontent.com/pod-product-compliance
Ingram Content Group UK Ltd.
Pitfield, Milton Keynes, MK11 3LW, UK
UKHW020213250726
13967UKWH00003B/1444